Formar, comunicar y negociar

Formar, comunicar y negociar

Aplicación a la Prevención de Riesgos Laborales

Jaume Llacuna Morera
Xavier Baraza Sánchez
Ángel Bernal Rapela
Juan Francisco de la Fuente

EDITORIAL UOC

Diseño de la colección: Editorial UOC

Primera edición en lengua castellana: junio 2012

Rambla del Poblenou, 156, 08018 Barcelona
www.editorialuoc.com

Realización editorial: Anglofort, S.A.
Impresión:

ISBN: 978-84-9029-816-9
Depósito legal: B.14.484-2013

Autores

Jaume Llacuna Morera
Licenciado en Filosofía y Letras por la Universidad de Barcelona, doctor en Filosofía y Letras por la Universidad de Santiago de Compostela, máster universitario en Neurociencias y biología del comportamiento por la Universidad Pablo de Olavide. Titulado superior del Instituto Nacional de Seguridad e Higiene en el Trabajo (Ministerio de Empleo y Seguridad Social). Profesor asociado de la Universidad de Barcelona en la Facultad de Psicología (Psicología Social). Profesor de la Escuela Superior de Prevención de Riesgos Laborales (UB, UPC, UPF, INSHT). Experto de la OIT en materia de formación en prevención de riesgos laborales.

Xavier Baraza Sánchez
Ingeniero químico industrial y doctor en Ingeniería del Medio Ambiente y del Producto por la Universidad de Barcelona, máster en Prevención de riesgos laborales (tres especialidades) y máster en Dirección y administración de empresas por la Escuela Europea de Negocios. Ha sido profesor de la Universidad de Barcelona, de la Universidad Politécnica de Cartagena y de la Universidad Rovira i Virgili de Tarragona. Director de Seguridad, Salud y Medio Ambiente de una empresa del sector de la química fina entre los años 2005 y 2010. Actualmente es profesor de los Estudios de Economía y Empresa de la Universitat Oberta de Catalunya y director del máster universitario de Prevención de riesgos laborales. Autor de varios artículos y ponente en congresos nacionales e internacionales en materia de medio ambiente, gestión empresarial y prevención de riesgos laborales.

Ángel Bernal Rapela
Pedagogo por la Universidad de Barcelona. Estudios de Psicología (UB), Sociología y Ciencias Políticas en la Universidad Autónoma de Barcelona. Especializaciones en ámbitos diversos, especialmente de recursos humanos, consultoría, formación y prevención de riesgos laborales. Posgrado en Ingeniería de la formación, Universidad Politécnica de Cataluña. Máster en Formación de formadores, metodologías y gestión, Universidad Politécnica de Cataluña. Máster en Gestión de la formación y consultoría de recursos humanos, Universidad de Barcelona. Experto europeo en formación y consultoría de las organizaciones. Certificado Eurosform.

Juan Francisco de la Fuente
Licenciado en Psicopedagogía, además de máster en Prevención de riesgos, máster en Gestión integrada de prevención, calidad y medio ambiente, y posgrado en Técnicas de comunicación. Posee, asimismo, formación específica en organización y gestión de empresas. Es doctorando en la Universidad de Lleida, donde desempeña funciones de profesor asociado. Miembro del equipo de investigación Competecs (Competencias, Tecnología, Educación y Sociedad), vinculado a la Universidad de Lleida y reconocido por la Generalitat de Catalunya. Desarrolla su actividad profesional vinculado a labores de consultoría en las áreas de calidad, prevención, gestión de competencias y desarrollo organizativo.

Índice

Introducción

El presente texto aborda tres temas fundamentales para la prevención de riesgos laborales:

- la formación,
- la comunicación, y
- la negociación.

De hecho, aunque se presenten por separado, los tres temas suponen una estrategia conjunta para la obtención de un objetivo básico: la modificación de una conducta, la orientación hacia una conducta segura, a partir de técnicas y métodos de transmisión de conocimientos, procedimientos y actitudes, junto con la eliminación de los posibles conflictos de todo tipo que puedan aparecer en el grupo laboral, tanto individual como colectivamente.

Cuando abordamos el tema de la prevención de riesgos laborales no solemos entender, en la mayoría de las ocasiones, que, una vez solucionados los problemas estrictamente materiales que originan el problema, el objetivo es modificar, consciente y voluntariamente, la conducta de las personas hacia una situación que se mantenga en el tiempo como saludable, es decir, como conducta que evita sistemáticamente las situaciones de riesgo desde la conciencia de la situación y el deseo de perdurar en la situación óptima a lo largo de toda la vida.

Ello supone que enfoquemos los tres temas tratados en este manual desde la óptica de la repercusión, lo cual quiere decir que la formación que deseamos para todos nosotros no se limita al mero recuerdo de unos datos concretos, sino que supone la acción permanente que nos permite en cada momento evaluar la situación y responder positivamente a ella. De ahí que entendamos el proceso de enseñanza/aprendizaje como algo activo y que no finaliza cuando acaba lo que consideramos como propiamente un proceso de enseñanza, sino que perdura en los alumnos (adultos) a modo de continua autoformación que les capacita para dar respuesta constante a cualquier tipo de situación peligrosa. Lo que deseamos, por tanto, no es ser portavoces de un conocimiento bancario, en palabras de Paulo Freire, que no genera valores posteriores a su adquisición, sino por el contrario, posibilitar un mecanismo de autoaprendizaje que motive a los alumnos adultos a una continua investigación sobre el entorno y sobre sí mismos para adaptar permanentemente su conducta a las situaciones y resolver los conflictos que puedan plantearse.

La técnica genuina para dicho objetivo pasa por generar un buen mecanismo de comunicación, tanto en el sentido profesor/animador como entre los propios alumnos como grupo de trabajo, y descubrir las situaciones de riesgo en las que pueden hallarse para, desde el análisis, proceder a la solución tanto individual como conjunta. Por ello hablamos de comunicación con una amplia «repercusión» y a lo largo de toda la vida.

Pero cuando hoy hablamos de comunicación no podemos olvidar que la relación interpersonal que establecemos las personas tiene un doble camino. Por una parte, existe lo que tradicionalmente hemos denominado el «contenido» del mensaje, lo que deseamos transmitir como instrucción, reflexión o conocimiento y, por otra, la relación de carácter afectivo/emocional que las personas establecemos entre nosotros y que posibilita o niega la operatividad (repercusión) de dicho mensaje. Quiere ello decir que el profesor/animador debe disponer de las herramientas comunicativas básicas para hacer llegar su mensaje no únicamente como puro contenido, sino implicando la actuación deseada que se pretende, para lo cual es necesario que se relacione correctamente con el receptor y con la colectividad entera a la que se dirige. Un buen profesor/animador no es solo quien transmite un contenido, sino quien promueve que dicho contenido actúe de forma vivencial en los receptores.

Para ello estudiaremos todos aquellos mecanismos, no especialmente verbales, que canalizan el proceso de comunicación y establecen la relación emisor-receptor desde una situación afectivo/emocional. Estos aspectos, tradicionalmente olvidados o considerados de menor importancia, son precisamente los que aportan la perduración del mensaje en la conducta del receptor. Esta correcta interrelación alumno-profesor es la base de la eficacia docente. En muchas ocasiones, especialmente en el campo de la prevención, hemos creído que el mensaje únicamente debe ser portador de información, mientras que en la actualidad entendemos que dicha información solo será operativa si se da en un entorno grato, sereno y cómplice.

Finalmente, para que todo ello sea verdaderamente eficaz, e insistiendo en el mismo objetivo, deberemos considerar que la formación en prevención no puede darse en un entorno conflictivo y que, en ocasiones, la misma negociación es ya la acción preventiva. Nos referimos a cualquier tipo de negociación dada en todos los niveles laborales que impida un correcto ejercicio del trabajo y predisponga tanto a una pérdida de salud (del tipo que sea) como a la imposibilidad de llegar al objetivo formativo que pretendemos.

Este texto que presentamos se ha de entender, pues, como una reflexión permanente sobre los mecanismos de enseñanza/aprendizaje a partir de la existencia de unos «técnicos de prevención» que participan activamente en la búsqueda de conductas seguras para todos los trabajadores. Y para ello recurren a la comunicación como herramienta fundamental y a la negociación como herramienta para solucionar conflictos.

Capítulo I

La formación en prevención de riesgos laborales

Jaume Llacuna Morera, Xavier Baraza Sánchez y Ángel Bernal Rapela

> «Hasta que lleguemos a comprender que la formación y la comunicación permanente son sinónimo de cambio, y que todo lo que nosotros conozcamos acerca de lo que es el cambio y cómo ocurre es crítico para cualquier aproximación a las mismas, continuaremos derrochando recursos, creando falsas expectativas y manteniendo la confusión y la frustración que rodea a la formación y a la comunicación permanente».
>
> (Michael Fullan)

La formación en prevención de riesgos laborales es la principal vía de conexión y solución para evitar o prevenir una situación de riesgo que perjudicaría tanto al trabajador y a la empresa como a la sociedad en su conjunto. Consecuentemente, la formación, a través de una actitud comunicativa llena de vitalidad y en continua adaptación, deberá intentar solventar, en la medida de lo posible, las situaciones de riesgo que se presentan en el mundo laboral. Para ello es necesario que el técnico en prevención adquiera un elevado grado de profesionalidad en todos los aspectos y variables que intervienen en el desarrollo de su acción.

La profesionalidad efectiva y obligada no es fácil de conseguir ni encontrarla desde el punto de vista formativo. La prevención de riesgos laborales, a la hora de su impartición, debe apoyarse en tres bases fundamentales aplicadas en todo momento al formador por medio de su estilo de comunicación: en primer lugar, los saberes formales en prevención, adquiridos en su formación inicial; en segundo lugar, el saber experto, que se logra en y mediante la práctica docente y la autonomía, y por último, la aceptación de que la conflictividad está de forma intrínseca en permanente aviso entre formador y alumno y la capacidad comunicativa para solucionar los problemas de aprendizaje que se presenten.

Estos tres indicadores nos darían el reflejo de si la actividad formativa en materia de prevención es o no profesionalizadora. A destacar, en todo este entramado formador-objetivos-actitud comunicativa-alumno, el recurso de la reflexión para que, de forma real, se logren las finalidades que se proponen tanto el formador como el alumno.

Finalmente, cabe insistir en que la esencia de la enseñanza y de la labor de formar consiste en la transmisión de información mediante la comunicación directa o apoyada en diferentes medios auxiliares, de mayor o menor grado de complejidad y coste, y tiene como objetivo lograr que en los individuos quede, como huella de tales acciones combinadas, un reflejo de la realidad objetiva en forma de conocimiento, habilidades y capacidades. Ello ha de permitir enfrentarse a las situaciones nuevas en materia de prevención, aparecidas en su entorno, de manera adaptativa, de apropiación y creadora, y esto constituye un verdadero par dialéctico con un mayor grado de eficacia y eficiencia preventiva.

1. La formación del adulto

Hablar hoy de la enseñanza del adulto es un verdadero problema; inicialmente, un problema de definición del concepto: ¿qué quiere decir enseñar?, ¿qué quiere decir enseñar a un adulto? Si difícil es la definición del concepto en general, mayor es la dificultad cuando adjetivamos el concepto y lo convertimos en formación de adultos. *Adulto* es un adjetivo aplicable a la persona que ha vivido una determinada cantidad de tiempo, lo que le permite hacer interpretaciones verdaderamente sustanciosas del mundo y de la vida, de la experimentada por lo menos, lo que no es poco. Y no es poco porque, inicialmente, formar a un adulto es una expresión contradictoria. El adulto, por el hecho de serlo, es una persona formada, que actúa subjetivamente y, por tanto, se interpreta a sí mismo y al grupo que le rodea de una manera específica.

Ello quiere decir que **todo adulto, por el hecho de serlo, es una persona formada**; el mundo, la vida, la experiencia, el grupo social, etc., le han dado las pautas para vivir de determinada manera, para adecuarse al entorno y sobrevivir, que es el fin último de todo ser vivo.

1.1. Características del alumno adulto ante el hecho formativo

1.1.1. Ventajas y dificultades del alumno frente a la enseñanza

Basándonos en el esquema simplista «**adulto = no niño**», podemos hallar unas pautas elementales que nos sean útiles para favorecer la enseñanza de los primeros en oposición a los segundos. Podríamos decir que, en ocasiones, es mejor enseñar a un niño y en otras circunstancias nos sería mucho más eficaz enseñar al adulto.

En el orden de las dificultades, lo que parece claro es que el adulto ofrece lo que podríamos llamar dos claras resistencias a la enseñanza. En primer lugar, una evidente mengua de su capacidad de aprendizaje, y en segundo, la persistencia de una cierta coraza de experiencia (frecuentemente negativa frente al fenómeno enseñanza), que le impide comprometerse abiertamente con el cambio que ella supone.

1.1.2. La disminución de la capacidad del aprendizaje

La capacidad de aprendizaje (la memoria, la posibilidad de análisis y de síntesis, de adecuación casi inmediata a la práctica, de comprensión de los fenómenos, la formación de nuevas actitudes o la adquisición de hábitos de conducta) desciende lógicamente con la edad, a medida que nuestras posibilidades intelectuales y psicomotrices se van volviendo menos flexibles. Se dice que el ser humano jamás deja de aprender, pero de lo que nadie puede dudar es de que la edad es un determinante básico de la citada capacidad.

Aspectos sociales, laborales, intelectuales, hábitos repetitivos de conducta, falta de participación creativa, monotonía cotidiana, suelen adormecer la posibilidad de aprendizaje, de tal manera que, en numerosas ocasiones, los formadores de adultos se encuentran frente a un adulto con capacidades de aprendizaje disminuidas, muchas veces por la injusticia social y otras por propio abandono de las posibilidades.

1.1.3. El rechazo al cambio de conducta

Consideramos que el rechazo al cambio de conductas se debe a:

- Actitudes negativas frente al propio fenómeno de la enseñanza, producto de experiencias anteriores poco operativas o negativas.
- Actitudes negativas frente a un tema o cambio concreto.
- Falta de predisposición ante un emisor (profesor) con poca credibilidad.
- Falta de hábito en la reflexión capaz de aceptar nuevos datos.
- Temor a un cambio que suponga una nueva necesidad de adaptación.
- Temor a un esfuerzo no deseado por no estar acostumbrado a realizar esfuerzos intelectuales.

- Evidencia de que los nuevos datos aportados por la enseñanza no modificarán (mejorando) mi situación económica/social/ estatus.
- Temor a que los nuevos datos me exijan un compromiso que no estoy dispuesto a asumir.
- Disgusto por la monotonía, el esfuerzo o la falta de confort en la situación concreta del acto didáctico (horas de clase, días, etc.).
- Temor intrínseco a no «ser capaz» de asumir la práctica de la enseñanza.
- Temor general a la gratuidad y a la falta de operatividad concreta de los datos enseñados.

Caso práctico 1

La cualificación de los trabajadores (y de la dirección) es indispensable, desde luego, pero no solo mediante actividades de transmisión de conocimientos, sino también con la ampliación de su campo de acción.

El procedimiento que resulta más efectivo es el desarrollo de esta capacidad *in situ*, en el lugar de trabajo, porque ahí puede ser puesta en práctica y consolidada de forma inmediata.

Además, los cambios de conducta, en la mayoría de los casos, solo se pueden materializar mediante el apoyo y los cambios estructurales requeridos. Por tanto, es importante tener en cuenta que el cambio requiere mejoras de la estructura organizativa que raramente se pueden hacer por medio de seminarios.

Algunas afirmaciones para la reflexión son las siguientes:

«(...) La formación nos aparta de lo que a menudo sería más importante: la reflexión y los cambios culturales y organizativos (estructurales).

(...) La formación conduce, en el caso de una defectuosa puesta en práctica de los conocimientos adquiridos, a un latente –y muy a menudo manifiesto– sentimiento de insatisfacción, resignación y frustración. Así, la puesta en práctica fracasa por insatisfacción, resignación y frustración, ya que en el sistema no se materializan los cambios necesarios.

(...) A menudo se cumple un fenómeno muy simple: «lo que no se comprende ni se retiene, se olvida. Lo que no genera ningún impacto en la persona no ejerce ningún efecto útil.»

(...) La formación debe unir transmisión de conocimientos, orientación y apoyo en el comportamiento. Cuando se exige un proceder autónomo es necesario que existan la capacidad y la disponibilidad necesarias para la asunción de responsabilidades.

(...) La transmisión de conocimientos y el cambio en los comportamientos (mediante nuevas estructuras) debe realizarse como un asesoramiento, más que como un aprendizaje».

Cuestiones para la reflexión

1. ¿Desde qué punto de vista podríamos ser críticos con el artículo cuando se afirma que, si la puesta en práctica de los conocimientos adquiridos es defectuosa, la formación produce frustración?
2. ¿Estáis de acuerdo en que, cuando se exige un proceder autónomo, es necesaria la disponibilidad de la organización para delegar responsabilidades? ¿Por qué?
3. ¿Por qué razón ha cambiado el papel del responsable de formación, que en la actualidad se orienta hacia el asesoramiento y la consultoría interna?

4. Por otra parte, ¿se puede hablar de diferentes parámetros que potencian cambios de comportamiento en el adulto? ¿Formarían parte estas motivaciones de la manera de ser concreta del adulto, capaz de potenciar, así como también de negar la adquisición de nuevos comportamientos?

Transcribimos a continuación los seis factores de Goguelin que caracterizan la formación del adulto:

1. Sus motivaciones (metas que desea alcanzar, necesidades que quiere satisfacer, hábitos que pretende conservar, actitudes que le predisponen a actuar de una cierta manera, frustraciones experimentadas anteriormente o en situaciones análogas.).
2. Sus capacidades intelectuales, psíquicas y fisiológicas o psicosociológicas, tal como él las estima.
3. Sus experiencias, nivel anterior de conocimientos.
4. Componentes del carácter.
5. Normas y modelos de su medio, especialmente en los planos psicopedagógico y sociopedagógico.
6. Su propia percepción de la situación de formación y de lo que le ha llevado a ella (deseos, consentimientos, obligaciones, etc.).

1.1.4. Posibilidades de la enseñanza del adulto

El adulto, a través de su historia, de su experiencia personal, genera aspectos que pueden favorecer la eficacia docente. Estas ventajas están directamente relacionadas con:

- Sus necesidades.
- Su práctica de aprendizaje.
- La mayor capacidad de análisis y reflexión.
- Una cierta voluntariedad en el esfuerzo por aprender.

La necesidad es la motivación capaz de contrarrestar las numerosas dificultades naturales. La necesidad es, pues, el motivo básico capaz de obligar a un proceso de enseñanza. Pero deberíamos indicar que dicha necesidad debe ser consciente y estar evidenciada por el propio adulto. Sin tal evidencia cualquier enseñanza se convertirá en fracaso. El aspecto que posibilita esta acreditación es la reflexión; una reflexión sobre sí mismo y sobre su circunstancia social/profesional que le lleve a tomar conciencia de su necesidad y del esfuerzo que genera cubrirla.

Por tanto, reflexión sería hacer evaluación de lo que sabemos, de cómo hemos llegado a ello, de cómo dicho saber influye en esta conducta y de cuáles son las carencias que distorsionan nuestra realidad.

Caso práctico 2

La mamá Coco Drila no quería educar a sus pequeños sin teoría alguna, al contrario de lo que hacían otras mamás cocodrilo. Por ello, se matriculó y rápidamente pedagogía estudió, hasta que finalmente se doctoró. Cuando más tarde sus pequeños cocodrilos hubieron salido de sus huevos, ella conocía toda la teoría y se había preparado para su misión; así pues, con fundamento científico llevó a sus pequeños al lago. «Escuchad», les dijo, «una cosa está clara, para nadar hay que estudiar, es decir, debemos analizar el procedimiento desde un punto de vista afectivo, psicomotor y cognoscitivo, antes de pasar a la práctica. El punto de vista afectivo significa que el agua nos divierte; el psicomotor significa que, cuando nadamos, los movimientos deben ser los adecuados, y el cognoscitivo significa que debéis pensar, al mismo tiempo y desde el primer momento. Es decir, para nadar necesitamos el cerebro, porque primero hay que hacer el siguiente análisis: el agua es un elemento al que los expertos llaman H_2O y cuando nos encontramos en ella, entonces actúa el principio de Arquímedes. Hay que saber, pues, en qué se suspende vuestro cuerpo cuando os metéis en el agua. Y esto lo podéis apreciar experimentándolo con un ejercicio...» Mientras ella explicaba la lección los pequeños habían saltado al agua y enseguida empezaron a divertirse nadando de acá para allá. Cuando mamá los vio, les gritó: «¡Volved a tierra, por el amor de Dios, primero debéis aprender la teoría, si no, nunca aprenderéis a nadar!».

Cuestiones para la reflexión

1. ¿Cuál fue el principal error de mamá Coco Drila?
2. ¿Qué diferencia existe entre enseñar y aprender?
3. ¿Qué se puede aprender sin el papel del formador?
4. ¿Conocéis otras formas de enseñanza distintas de la propuesta en el cuento? ¿Y de aprendizaje?
5. ¿Cuáles creéis que son las principales diferencias entre el aprendizaje infantil y el aprendizaje de adultos?
6. ¿Qué otras cuestiones os sugiere la lectura de este fragmento?

1.1.5. La relación docente/discente/materia

Es necesario estudiar la relación que se presenta entre los tres aspectos fundamentales de una situación de enseñanza: docente, discente y materia.

El proceso que establece dicha relación podría esquematizarse de la siguiente manera:

1. **El alumno** (adulto). El «necesitado» de nuevos datos.
   - Disminución del potencial de aprendizaje. El alumno adulto no tiene la misma capacidad de aprendizaje que el niño o el adolescente, por simples razones de edad.

- Posesión de un mundo específico. La disminución de la capacidad de aprendizaje se cubre ampliamente con las características extraídas de la experiencia.
- Negación u olvido de lo enseñado. Puede que parte de lo enseñado en la edad adulta se pierda por falta de interés del alumno en ese momento en concreto, en tanto los nuevos datos no le suponen una solución a sus necesidades concretas.
- Aparición de necesidades específicas. Obligación de tomar conciencia de esas necesidades. Puede que el alumno tenga necesidades específicas al margen de las que intenta cubrir la enseñanza concreta. De ahí la necesidad de conocer muy claramente las necesidades que tiene el alumno y constatar si es consciente de ellas.
- Acreditación del esfuerzo que supone la enseñanza. Todo alumno debe ser consciente de que la enseñanza supone un esfuerzo. Ese esfuerzo, probablemente, será mayor para el adulto.

2. **El profesor**. El elemento potenciador. El determinante del método a seguir.
    - Posibilidad de ofrecer información. La información debe ser concreta y clara. Ha de ser exactamente la necesaria y suficiente para cubrir las necesidades de los alumnos.
    - Deliberada intención de provocar cambios duraderos deseados por el alumno. Toda formación, y específicamente la de prevención de riesgos laborales, debe partir del deseo de provocar cambios de conducta permanentes en los adultos.
    - Incidencia en la reflexión del alumno. El deseado cambio de conducta permanente se produce cuando el adulto es capaz de reflexionar sobre ella y asumirla como una forma de actuar.

3. **El objetivo que se persigue**. La posibilidad de cubrir la necesidad del adulto.

- Deseada integración de esos objetivos en el saber/hacer del alumno. Un cambio de conducta implica saber y hacer. Las dos cosas son complementarias. Si no se sabe una cosa no se puede garantizar su práctica.
- Carácter práctico. El carácter práctico de la enseñanza debe ser percibido por el alumno adulto como algo propio del proceso docente. Por supuesto, y como decíamos anteriormente, la capacidad práctica (hacer) es lo más importante en este tipo de enseñanza.
- Cobertura de las expectativas de los alumnos. Si la enseñanza no cubre las expectativas de los adultos es probable que el nivel de recuerdo y la capacidad de aplicación concreta, la conducta modificada, sean muy limitados o desaparezcan rápidamente.

Es necesario, por tanto, que:

- El alumno sea muy consciente de lo que desea.
- Esté dispuesto a iniciar un proceso de enseñanza.
- Confíe en que el profesor le ayudará a conseguir su objetivo.

La relación fundamental, como decimos, es la de alumno/objetivo. Un objetivo es tal para el adulto cuando:

- Cubre una necesidad clara y consciente.
- Supone la aceptación de un esfuerzo.
- Implica la posibilidad de recordar durante un tiempo ilimitado el dato que se obtiene.
- Potencia al alumno para que inicie un proceso de autoformación.
- El alumno es capaz de percibir gradualmente el acercamiento al objetivo.
- Una vez llegado a él, este cubre las expectativas.
- Puede aplicarlo inmediatamente.

- Es consciente de haber llegado al objetivo.
- Reconoce, en caso de no llegar a alcanzarlo, las causas que se lo han impedido.
- El objetivo es integrado en un «saber/hacer» propio de su conducta.

El proceso supone, por tanto, que existen tres piezas fundamentales en la relación que tratamos: profesor, alumno y materia de aprendizaje. La relación que se establece entre las tres piezas es determinante para el éxito de la formación. Pero dicha relación debe establecerse a partir del conocimiento de cada parcela, de manera que se produzca un efecto coherente, armónico, entre las tres partes. Cualquier distorsión impedirá la eficacia docente. De ahí la importancia de no improvisar el proceso y planificarlo adecuadamente en cada caso concreto.

Caso práctico 3

Coco Drila ya lo sabía: para nadar es necesario analizar los aspectos afectivos, cognoscitivos y psicomotores. Nosotros podríamos afirmar lo mismo y, en todo caso, completarlo para saber en qué se traduce lo que venimos llamando «el valor de las personas en las organizaciones».

De momento, centrémonos en uno solo de los componentes de las personas: la conducta. De hecho, la conducta es la parte observable de cualquier persona: es lo que hace, cómo actúa, su comportamiento general o específico en cada situación.

Nuestra experiencia nos indica que lo que se pide a las personas en las organizaciones es que «hagan». Que hagan lo que deben hacer en beneficio del colectivo y de los objetivos últimos a los que se dedica la organización. Podemos incluso llegar a afirmar que:

Para que la formación sea útil debe provocar cambios de conducta en los participantes.

A riesgo de simplificar en exceso, podemos decir que la persona hace lo que sabe hacer, lo que puede hacer y lo que quiere hacer.

Cuestiones para la reflexión

1. ¿Qué os sugieren estas afirmaciones?
2. ¿Qué significa el «valor» de las personas en las organizaciones?

El acercamiento de un adulto a su objetivo de enseñanza es gradual y pasa por varias fases que el profesor ha de conocer porque debe tamizarlas a través de técnicas y métodos docentes idóneos para cada una de ellas. Este acercamiento tiene estas fases:

1. Descubrimiento «global» del problema: favorece que el alumno acuda a la situación de enseñanza.
2. Análisis del problema: el adulto inicia el proceso de acercamiento a través del análisis de sus necesidades. El profesor es capaz de iniciar la reflexión.
3. Descubrimiento del objetivo que cubrirá sus expectativas.
4. Inicio del proceso de enseñanza propiamente dicho: el alumno desea resultados inmediatos. El profesor fragmenta el proceso de acercamiento al objetivo final y elabora objetivos parciales. El alumno es capaz de percibir el logro de estos objetivos.
5. Logros puntuales en objetivos seguidos. Rápidos. Refuerzos notables a su actividad.
6. Fase de fatiga receptiva: el alumno sufre una fuerte fatiga una vez ha pasado el primer momento de euforia. Suele dudar de alcanzar el objetivo y encuentra más dificultades de las esperadas. Culpa al profesor de su propia incapacidad.

7. Fase mínima de expectativa: representa el «estar abajo» del todo en la percepción de sus logros. Es una fase muy peligrosa, en la que el alumno puede dejar el proceso. Máxima importancia del profesor como animador.
8. Vislumbre del objetivo cercano: la relación esfuerzo/objetivo aparece de nuevo como algo válido. Es un buen momento para fijar conceptos claros. La información es globalizada.
9. Obtención del objetivo: el adulto reconoce que ha llegado a alcanzar el objetivo que deseaba y que este cubre sus expectativas. Es un momento crucial, ya que el adulto hará una rápida evaluación de si ha merecido la pena el esfuerzo realizado. Puede potenciar o negar futuras acciones docentes.
10. Perduración, operatividad del objetivo: la enseñanza habrá sido eficaz si perdura y si el adulto la integra y la convierte en aspectos prácticos de su conducta. Cabe señalar la importancia de un mecanismo de constante puesta al día del propio adulto.

Caso práctico 4

Alguien sabe y quiere, pero no puede: posiblemente se trata de un problema provocado por la falta de herramientas adecuadas, la existencia de estructuras organizativas incorrectas, de planificaciones erróneas que provocan sobrecargas, etc.

Alguien sabe y puede, pero no quiere: probablemente nos encontramos ante una dificultad de tipo motivacional. Aunque a veces podemos ver que alguien no quiere porque su superior no sabe.

Alguien puede y quiere, pero no sabe: este es el único caso en el que la herramienta de la formación nos puede ser útil.

Observad que, a menudo, se prescribe formación para cualquier tipo de situación que persiga un cambio de conducta. Sin embargo, la formación solo será útil en uno de los casos: cuando existan necesidades claras de aprendizaje. En las otras situaciones, la formación no solo será inútil, sino que puede llegar a ser perjudicial.

Cuestiones para la reflexión

1. ¿Puede enseñarse algo a un alumno que considere que aquello no responde a un interés suyo?
2. ¿Podemos garantizar que lo que se enseña sin que el alumno sea consciente de que cubre una de sus necesidades determinará un cambio de conducta duradero?
3. ¿Será factible un aprendizaje eficaz si el alumno adulto «no quiere» aprender algo en concreto de una manera muy clara y razonada?

1.1.6. La motivación del adulto

En la práctica de la enseñanza de adultos no es difícil encontrar dos grandes posibilidades:

- **Las enseñanzas que potencian aspectos culturales.** Tales enseñanzas son las derivadas de intentos claros por parte del alumno de progresar en su condición social, económica o profesional. Este tipo de formación no representa grandes problemas porque parte de una coherencia básica entre la necesidad/motivación del alumno y la normalidad social.
- Más problemas ofrecen las enseñanzas que formarían el segundo grupo: **las que contradicen, total o parcialmente, el sentir del grupo.** Se presentan como la necesidad de modificar algún hábito de conducta o alguna actitud hacia un objeto externo. Representan enseñanzas de difícil realización, aun aceptando la aparente motivación de los alumnos para

implicarse en el proceso de enseñanza. En principio, no suelen ser consideradas por los adultos como necesidades fundamentales.

1.1.7. Análisis de las necesidades formativas

En el momento de planificar un proceso de enseñanza se ha de partir de un análisis de las necesidades formativas que tienen los alumnos, lo cual presupone el hecho de conocer a los alumnos y aspectos como:

- Necesidades específicas.
- Motivos que les acercan a la enseñanza.
- Nivel intelectual.
- Aptitudes para lo que desean «hacer».
- Actitudes frente a los elementos de aprendizaje.
- Marco socioeconómico.

Esta primera fase es fundamental, ya que el desconocimiento de los alumnos o el conocimiento incompleto de los mismos podría generar un grave error en la totalidad de la planificación.

Por lo tanto, es imprescindible que el profesor de adultos sea capaz de realizar un análisis del alumno en los términos siguientes:

Necesidades específicas

- Necesidades intrínsecas (autorrealización).
- Necesidades extrínsecas (socioprofesionales, socioeconómicas).
- Necesidades materiales inminentes (necesidades básicas, fuertemente extrínsecas).

Caso práctico 5

Tradicionalmente, un plan de formación debe determinar las necesidades expresadas por la línea de mando, detectadas «en el lugar de trabajo» y cuyo objetivo es cubrir los déficits de los ocupantes de un puesto respecto a los requerimientos del mismo.

Es decir, se trata de descubrir qué es lo que cada empleado no sabe hacer lo suficientemente bien en relación con lo que exige su puesto de trabajo actual; se compara el perfil del puesto con el perfil de competencias de la persona. Se trata de la visión de la organización sobre cada uno de sus empleados.

A veces, la organización va más allá y considera que la formación puede ser una buena herramienta para impulsar sus objetivos estratégicos a corto o medio plazo. Este impulso se puede dar mediante la previsión de personal cualificado para una posible expansión, la implantación de sistemas de calidad, cambios organizativos derivados de nuevos procesos productivos, etc. Además, el objetivo del análisis de necesidades es facilitar la planificación de la formación derivada de estas acciones. En estos casos estamos ante la visión de la empresa sobre sí misma.

Actualmente se tiende a descentralizar y delegar el primer tipo de formación, para el que se recurre al asesoramiento necesario. Por razones obvias, se suele mantener un control más estricto del segundo tipo de acciones formativas desde los servicios centrales, control que suele requerir un proceso en toda la línea jerárquica –como mínimo de comunicación, si no de participación. De todos modos, este planteamiento responde a un análisis de las necesidades de formación de tipo prescriptivo o normativo.

Sin embargo, la necesidad de formación es un concepto complejo que se debe analizar para poder comprenderlo y asumirlo convenientemente, aunque ello requiera un soporte externo. En definitiva, al final el peso de la decisión debe recaer fundamentalmente sobre los propios sujetos de la formación.

Desde este punto de vista más colaborativo y participativo, la organización asume que las necesidades de formación se han de «construir» mediante un proceso de reflexión y participación. Dicho proceso debe llevar no solo al conocimiento de las necesidades, sino especialmente a una toma de conciencia de que éstas son las que el individuo o el grupo sienten como reales. Ello genera como valor añadido una mayor motivación para recibir la formación adecuada y un mayor grado de implicación y compromiso por parte de los receptores. Así, estaríamos en el punto de vista del individuo respecto a las necesidades de su organización.

Las autodenominadas «organizaciones que aprenden» no solo creen en la bondad de este planteamiento, sino que algunas de ellas basan su supervivencia en la flexibilidad y la constante adaptación e innovación. Además consideran que, sin un importante soporte a la iniciativa y la autoformación de sus empleados, acabarían desapareciendo. Aunque, dentro de la línea teórica del punto de vista organizativo, también caben en este apartado los planes de carrera, porque si bien están diseñados por la organización, requieren todo un proceso de negociación y aceptación por parte del personal implicado.

Una perspectiva más utópica y quizá lejana nos lleva a valorar también la formación que el individuo realiza independientemente de su ámbito profesional y cuyos contenidos no tienen, en principio, ninguna relación con el mismo. Si consideramos la difícil disociación de la vida profesional y la privada de la persona, es obvio que todo lo que contribuya a su desarrollo y crecimiento personal redundará en mayor o menor medida a favor de la empresa. Así, puede ser lógico que, en el futuro, ésta lo apoye de algún modo. Nos encontramos ahora en el cuadrante del punto de vista del individuo respecto a sí mismo, aunque analizado desde la perspectiva de las necesidades de formación en las organizaciones. El problema de la validez de este planteamiento es económico; de todas maneras, cuando en lugar de un empleado se trata de un profesional liberal, no dejamos de valorar, además de sus conocimientos y prácticas profesionales, su cultura, su madurez personal, etc.

Lo curioso es, por ejemplo, que algunas empresas de estructuras muy rígidas han estado subvencionando el coste de carreras universitarias para sus empleados, pero desde un punto de vista de «obra social». No se han planteado ni remotamente el aprovechamiento posterior de este incremento de potencial humano en el seno de la organización.

Una última observación importante en este apartado es que la metodología elegida para realizar un análisis de las necesidades de formación puede ser un excelente medio para reforzarla si es coherente con la orientación deseada. En cambio, si no lo es, puede provocar graves conflictos en la organización.

Cuestiones para la reflexión

1. ¿Sería interesante que el alumno que asiste a una formación en prevención de riesgos laborales constate que esta le sirve también de promoción en la empresa?
2. Si lográramos lo dicho en la anterior reflexión ¿no sería ese un buen procedimiento para que se produjera una enseñanza verdaderamente eficaz?
3. ¿Creéis que el aprendizaje que un trabajador adquiere debe ser útil para la empresa, pero que lo más importante es que sea útil para él?

4. ¿Debería considerarse la formación en prevención de riesgos laborales como una formación importante en el desarrollo de la organización? ¿Cómo creéis que se podría establecer una formación en prevención que implicara un elevado nivel de reconocimiento en la empresa y en la sociedad?

Capacidad intelectual

- Es imprescindible saber si el alumno puede seguir intelectualmente el proceso de enseñanza y si es capaz de alcanzar el objetivo propuesto.
- La capacidad intelectual condiciona las técnicas y los métodos docentes.
- No podemos actuar sobre la capacidad intelectual, que solo es necesaria como conocimiento de una situación previa inamovible.

Aptitudes de los alumnos

- Es importante saber correlacionar estas aptitudes propias del adulto con el objetivo que se persigue, ya que pueden negar abiertamente el proceso de enseñanza.
- Condicionan el tipo de objetivos; básicamente son de conocimientos o procedimientos.
- Pueden considerarse difíciles de modificar, pero es posible actuar sobre ellas mediante un proceso de reconversión de aptitudes.

Actitudes de los alumnos

- Nos interesa detectar la predisposición que el alumno tiene con relación al propio fenómeno de la enseñanza y su actitud ante el objeto de la misma.
- Determinan el inicio del proceso de enseñanza.
- Podrían ser modificables; ello es necesario cuando las actitudes son negativas.

Aspectos sociales/culturales/económicos

- Pueden ser los generadores de necesidades docentes, pero, a su vez, pueden negar la obtención de algún objetivo.
- Son difícilmente modificables y se debe investigarlos por medio de entrevistas y de observación directa.

Técnicas de investigación de la situación inicial del alumno

Para la investigación del grupo de alumnos en su situación inicial o de entrada se dispone de unas técnicas concretas. Entre ellas mencionamos las siguientes:

- Entrevistas personales o en grupo.
- Encuestas/Cuestionarios.
- Escalas de actitudes.
- Tests.
- Observación directa.

Tanto para las entrevistas como para los cuestionarios se han de tener en cuenta unas consideraciones fundamentales:

- Las preguntas deben ser concretas y estar formuladas en un vocabulario comprensible.
- Ha de evitarse que las preguntas tengan varias interpretaciones.

- Deben ser de fácil respuesta.
- Han de estar redactadas de forma sencilla. Deben centrarse directamente en el tema que se quiera investigar.
- Deben prepararse bien *a priori* para que consigan aportar numerosos datos, por ello es importante, antes de su administración definitiva, realizar una preencuesta o preentrevista con un grupo reducido de alumnos representativos.
- En el caso de la entrevista podría darse la opción de una «entrevista no estructurada», es decir, sin preparar de antemano. Aunque este tipo de entrevista requiere una experiencia notable por parte del entrevistador, permite un mayor conocimiento del grupo, dado que pueden generarse preguntas y respuestas por parte del propio grupo.
- Las entrevistas también permiten la observación simultánea del grupo.

Las escalas de actitudes permiten al alumno manifestarse, opinando favorable o desfavorablemente sobre unas aseveraciones preestablecidas. Se componen de una serie de ítems o frases, relacionados directa o indirectamente con el tema objeto de estudio. Existen diferentes tipos de escalas para medir las actitudes; la más utilizada de todas ellas es la escala aditiva de tipo LIKERT.

La observación directa es muy útil para la investigación de la situación inicial del alumno, junto con la entrevista en grupo. Los aspectos a considerar en la misma son:

- No es aconsejable que la realice una sola persona.
- Previamente es necesario determinar lo que debe ser observado (participación de los alumnos, interrelaciones, liderazgo, etc.).
- La observación puede ser lineal, describiendo por escrito lo que va ocurriendo en el grupo.
- Es necesario que los observadores se reúnan posteriormente para comparar las observaciones y aceptar como válidas las comunes y claras.

Caso práctico 6

La Empresa, S. A. (ESA) es una empresa privada de tamaño mediano –pequeño para el sector– que se dedica a la producción, transporte y distribución de agua embotellada.

El caso se desarrolla a principios de los años noventa, y en ese momento los datos de la empresa eran los siguientes: facturación: 48.000.000 pesetas (aproximadamente, 290.000 euros); número de empleados en plantilla: 1.312; de la dirección general de la organización dependían cuatro grandes direcciones (producción, distribución y comercial, administración y finanzas, recursos humanos) y algunos servicios *staff* (asesoría jurídica, relaciones públicas, etc.).

El convenio colectivo vigente establecía cuatro grandes grupos profesionales: técnicos, administrativos, profesionales de oficio y subalternos.

En aquellos momentos, la compañía estaba impulsando una planificación estratégica de la plantilla a cinco años vista, cuyas principales características eran:

- Reducción no traumática de la plantilla con la previsión de llegar a un máximo de 1.000 empleados al final de esos cinco años.
- La reducción se debería obtener mediante la no cobertura de las bajas producidas por diversos motivos y por una oferta de jubilación voluntaria a los 60 años con el 100% del salario. Si fuera necesario, al final del proceso se podría aplicar una oferta de bajas incentivadas.
- Implantación progresiva de la polivalencia en todas las áreas donde fuera posible, especialmente en las direcciones de producción y de distribución y comercial.

La situación de la formación era la siguiente:

- Dependencia: de la dirección de recursos humanos.
- Efectivos: el jefe de departamento y tres técnicos.
- Presupuesto anual: 20.000.000 pesetas. (unos 120.000 euros). Esta cifra no incluía los salarios del personal adscrito al departamento de formación, ni los costes de estructura ni el de las horas dedicadas a formación por parte de los monitores de línea y de los destinatarios de dicha formación.

El departamento de formación existía desde el inicio de la década de los setenta. En 1975 se inauguró un centro de formación técnico-profesional que dependía del propio departamento.

Su objetivo específico era dotar a los operarios de la compañía de las habilidades necesarias para el correcto desempeño de los distintos puestos de trabajo, ya que la formación profesional reglada no cubría la mayoría de las especialidades requeridas.

Dicho centro estaba equipado con material e instalaciones reales y con diversos simuladores electromecánicos y electrónicos para dar respuesta a todas las necesidades de formación de la empresa respecto al colectivo de profesionales de oficio.

Asimismo, para las sesiones teóricas se disponía de tres aulas equipadas con recursos audiovisuales. Además, desde hacía poco tiempo estaba en funcionamiento un aula informática para la formación del personal administrativo y técnico.

Toda la formación del personal operario de base se organizaba por módulos. Un grupo de módulos básicos era transversal en casi todos los itinerarios formativos, y una serie de módulos específicos se adecuaba a determinados grupos profesionales o a puestos de trabajo concretos. La combinación de los distintos módulos de formación teóricos y prácticos podía responder a las exigencias de los distintos perfiles de puestos de trabajo del grupo de profesionales de oficio.

Algunos años atrás se había realizado en la compañía un proceso de descripción y valoración de los puestos de trabajo. Se actualizaba varias veces al año en función de las variaciones producidas en la plantilla. No obstante, cabe destacar que era un tipo de empresa con una notable estabilidad en su estructura organizativa.

De esta valoración se desprendieron las exigencias de los distintos puestos de trabajo a escala factorial en competencias y habilidades, lo cual resultó muy útil para el diseño de los módulos de formación. Sin embargo, con la implantación de la polivalencia los perfiles de los distintos puestos variaron sustancialmente.

La formación de los cuadros intermedios y del personal directivo se realizaba mediante la colaboración de diversas consultoras externas con las que se diseñaban conjuntamente programas «a medida». Si las necesidades de formación se detectaban en una sola persona o en un número reducido, se analizaba la oferta del mercado en cursos abiertos y se inscribía en ellos a los afectados.

En definitiva, la formación se llevaba a cabo:

- Internamente, en el centro de formación, con un fuerte componente en habilidades prácticas. Se dirigía fundamentalmente al colectivo de profesionales de oficio; se desarrollaba, bien de manera individualizada, bien en pequeños grupos, mediante monitores adscritos al propio departamento de formación o con colaboradores de la línea, expertos en determinadas tareas.

- Fuera de la compañía, inscribiendo a personas concretas o a pequeños grupos en cursos abiertos presenciales. Esta opción estaba dirigida fundamentalmente a mandos, técnicos y administrativos, y se basaba en necesidades puntuales y esporádicas.
- Dentro de la empresa, aunque en colaboración con empresas de consultoría, escuelas de negocios u otros centros acreditados. En este tipo de formación el diseño era conjunto, la impartición se efectuaba mayoritariamente a través de profesores externos y se dirigía a los cuadros directivos, personal de atención al público, etc.

La función de formación estaba fuertemente centralizada a todos los niveles en la dirección de recursos humanos. Sin embargo, respondía razonablemente a las necesidades y demandas de los directivos de la línea.

La puesta en marcha del citado proceso de planificación de plantillas e implantación de la polivalencia obligó a un replanteamiento del modelo de análisis de necesidades seguido hasta la fecha. Este se limitaba al envío anual a cada departamento de un cuadro de doble entrada con la relación del personal adscrito al mismo y los módulos formativos disponibles; igualmente, se les rogaba que indicaran la formación prioritaria para cada colaborador.

En este caso, los objetivos eran más ambiciosos y se pretendía conseguir una información exhaustiva para la planificación de la formación, así como también:

- Obtener información individualizada para personalizar las acciones de formación, intentando llegar al límite del potencial de cada empleado.
- Fijar las líneas básicas de la formación para afrontar con éxito la implantación de la prevención integral.

- Adquirir la información suficiente a escala individual y colectiva para optimizar organizativamente la planificación de plantillas en curso. Inicialmente, el ámbito de aplicación fue la dirección de distribución y comercial, que contaba con unos 350 empleados entre directivos, técnicos, administrativos, encargados de brigada y profesionales de oficio.

El grupo de directivos y mandos intermedios (unas cincuenta personas) quedaba fuera del análisis de las necesidades de formación.

Una última observación importante: a través del análisis de necesidades no se pretendía ningún objetivo complementario de descentralización de la formación ni de participación del personal afectado.

Cuestiones para la reflexión

1. ¿Cuáles eran las finalidades más importantes de la formación impartida en la compañía hasta el momento de la planificación de plantillas?
2. ¿Puede decirse que el objetivo principal del proceso de enriquecimiento horizontal de los puestos que se iba a poner en marcha (polivalencia) consistía en mejorar la motivación laboral?
3. Si no es así, ¿cuál era el objetivo?
4. ¿Cómo debería ser el modelo de análisis de las necesidades de formación propuesto en la nueva situación para que fuera coherente con el sistema de orientación formativa de la compañía?

2. Definición de objetivos docentes

En principio, podríamos decir que tres son los parámetros que marcan la pauta de una enseñanza eficaz:

1. **Nivel de «recuerdo»**. Toda enseñanza debe ser recordada. En su caso, no sería necesario el recuerdo conciso, sino la posibilidad de acudir rápidamente a la fuente de conocimiento, lo que proporcionaría de nuevo la capacidad operativa del dato, esto es, lo activaría de nuevo. Diríamos, pues, que una enseñanza es tanto más eficaz cuanto más potencie el tiempo de recuerdo o la agilidad para recordar operativamente algo que haya sido enseñado.
2. **Posibilidad de llevar el «dato» a la práctica inmediata**. Un conocimiento, un dato enseñado, debe ser capaz de actuar en mi práctica concreta. Esto quiere decir que si un nuevo dato aportado a través de un proceso de enseñanza no tiene, en mí, posibilidad de ser llevado a mi práctica cotidiana, ese dato es de poca utilidad y, en consecuencia, su enseñanza habrá tenido poca efectividad. Es importante no limitar en este apartado el término *hacer*. Con él no queremos decir que únicamente sean eficaces los actos didácticos que posibiliten un comportamiento psicomotor; un objetivo de tipo actitudinal (un cambio de actitud frente a algo concreto) puede no manifestarse externamente en una conducta observable, o sea, puede ser un cambio de predisposición o una nueva interpretación de un fenómeno.

Lo cierto es que debe producirse un CAMBIO (lo cual es el objetivo final de toda enseñanza) y que este cambio debe posibilitar la práctica inmediata del alumno. La enseñanza eficaz es la que enseña datos útiles, aquella en la que la utilidad no queda como algo etéreo, sino que desciende a una inmediatez concreta y es entendida por el alumno, incluso exigida por el docente.

El «dato enseñado» tiene la capacidad de ser aplicado a la práctica concreta e inmediata del adulto. Se ha producido un «cambio» en el comportamiento. El dato me resulta útil y sé cómo aplicarlo. Cambio conductual:

- De conocimientos.
- De procedimientos.
- De actitudes.

3. **Capacidad de transferir los datos de otras situaciones a situaciones nuevas**. La capacidad de transferir unos conocimientos a una práctica concreta, aunque no sea propiamente el objeto del proceso de aprendizaje, es una de las características más importantes de la formación de adultos.

Caso práctico 7

Un nuevo formador con poca experiencia se incorpora al departamento de formación de una empresa y se responsabiliza de la formación en prevención y medio ambiente. La empresa ha iniciado muchas modalidades de formación sin que exista un plan preciso, aunque sí un acuerdo entre el equipo de formación.

Los materiales a disposición del formador son vagos y contradictorios. Tras su incorporación, se convoca inmediatamente a un grupo de veinticuatro supervisores que han de realizar un curso sobre la mejora de actitudes preventivas.

Del rápido análisis del material encontrado se desprende, por una parte, que es de difícil utilización y, por otra, que resulta insuficiente para la función que en su opinión debe tener el curso.

El primer día de curso, y tras consultar al personal asistente acerca de sus expectativas, el formador no sale de su asombro, ya que la mayoría de los participantes no saben exactamente cuáles son sus objetivos. Todos ellos expresan sus necesidades personales: algunos desean evaluar la calidad de los productos; otros se interesan por las nuevas tecnologías y la posibilidad de utilizarlas en su trabajo; otros se decantan por las técnicas de organización del trabajo y por cómo formar ellos mismos a sus propios trabajadores.

A pesar de todo, como el programa ya está diseñado, se inicia el curso. Sin embargo, la disparidad de intereses se mantiene a lo largo de los días y surge la opinión cada vez más generalizada de que se tratan aspectos muy amplios que no interesan a la mayoría.

El curso se complica, ya que algunas de las personas que imparten sesiones son consultores que desempeñan su profesión en otros campos y no han trabajado nunca el tema de las actitudes preventivas. Así, tanto los casos como los ejemplos que utilizan aparecen alejados de la realidad de los asistentes.

Otros formadores se han extendido mucho en la exposición teórica. En alguna sesión se han producido incluso actitudes agresivas hacia los formadores.

En una sesión formativa de evaluación, los asistentes rechazan todo tipo de evaluación y realizan una crítica feroz de la organización.

Por otra parte, la situación de los locales, el material y los horarios se han improvisado: los espacios son muy exiguos para el trabajo en grupo; las fotocopias no pueden hacerse con la suficiente antelación para la sesión siguiente; la visualización de las proyecciones se hace difícil desde ciertos ángulos, por lo que se reclaman fotocopias de las transparencias; según algunos de los asistentes, las sillas son realmente incómodas.

Además, no se han previsto los desplazamientos hasta el lugar donde se realizan las sesiones, y algunos asistentes solicitan dietas de transporte y comida.

El formador se muestra confuso, desbordado y desanimado ante la imposibilidad de explicar con claridad la situación.

No dispone de información completa que le permita explicar al equipo del departamento de formación lo que sucede en el curso. Asimismo, tampoco dispone de una evaluación precisa del trabajo efectuado.

A fin de evitar problemas, se decide no efectuar la evaluación del curso y, por otra parte, se intenta traer a algún formador de prestigio para calmar los ánimos, pero las demandas y exigencias del personal asistente no cesan. Ha llegado un momento en el que únicamente reclaman el certificado y el material del curso. Ante esta situación, el formador decide negociar y redefinir los objetivos junto con los asistentes.

De todas maneras, ya es muy tarde y los ánimos están muy encrespados, debido a la imprecisión de la convocatoria, la ausencia de un plan de formación y las características irreversibles de ciertas acciones (formadores, material, fotocopias, horarios, locales, etc.)

Cuestiones para la reflexión

1. ¿Quién o quiénes han de fijar los objetivos de un curso de formación y en qué contexto?
2. ¿Dónde han de figurar dichos objetivos, cómo han de comunicarse y cómo se puede controlar si los asistentes al curso los conocen y aceptan?
3. ¿Qué se ha de negociar con los asistentes y qué no?
4. ¿Es posible conciliar necesidades distintas sobre la marcha?
5. ¿Gozan los formadores de autonomía total en el desempeño de sus funciones en el curso, o bien el coordinador o planificador del curso puede imponer sus criterios en función de la planificación?

6. ¿Pueden planificarse para cada caso concreto los recursos necesarios?
7. ¿Cómo debe afectar a la organización administrativa de la empresa la realización de los cursos programados (fotocopias, teléfonos, apoyos diversos, etc.)?

La eficacia de la enseñanza no está relacionada únicamente con el volumen de contenidos ni con el tiempo dedicado, sino también con la capacidad de los conocimientos para integrarse de forma viva en el adulto.

2.1. Definición de objetivos

Para poder asegurar que la enseñanza ha sido eficaz es necesario que podamos constatar que se ha producido un cambio en la conducta del alumno.

Este cambio conductual dependerá de que definamos correctamente los tres tipos de objetivos que perseguimos, los cuales darán lugar, conjuntamente, a la modificación que pretendemos lograr.

Los tres tipos de objetivos son los siguientes:

1. **Objetivos de conocimiento**. Son aquellos que se cumplen cuando el alumno es capaz, básicamente, de recordar datos y de comprenderlos. Se trataría de suponer que lo que desea el alumno es saber. Ello posibilita también ser capaces de analizar un hecho o una situación. Podemos hablar de datos estrictamente intelectuales, capaces de potenciar recuerdos, discriminaciones, diferenciación, comprensión de relaciones o fenómenos.
2. **Objetivos de procedimiento**. Son aquellos que tratarían de favorecer en el adulto la adquisición de habilidades físicas,

motoras, estructurándolas en un marco coherente para el dominio de una forma de hacer. Hablamos, pues, de enseñar al alumno a hacer algo, manejar correctamente algún mecanismo simple o complejo que requiera destrezas corporales organizadas.

3. **Objetivos de actitudes**. Mediante estos objetivos se desea favorecer un cambio de actitud o la aparición de una conducta que implique cierta interpretación personal de los hechos. Ello implica una modificación de las actitudes negativas que pudieran impedir cualquier tipo de logro del alumno e impulso de las actitudes positivas que puedan aparecer. Supone variar, en suma, la valoración de los hechos y de los fenómenos en los que vive inmerso; propiciar la toma de decisiones sobre su medio ambiente, sobre lo que le rodea y a lo que pertenece.

2.1.1. Consideraciones a tener en cuenta

A nuestro entender, algo que no suele decirse cuando se habla de objetivos de enseñanza es que estos condicionan la **metodología** que vamos a utilizar.

Cada objetivo dispone de unos métodos y unas técnicas más o menos específicos o, por lo menos, con unas características comunes que permiten asegurar, hasta cierto punto, que los datos transmitidos, sean del tipo que sean, llegarán más operativamente al alumno adulto y estarán adaptados a la conducta que buscamos.

1. **Objetivos prioritariamente de conocimientos**. Métodos de enseñanza basados en la transmisión de los conocimientos. Aportación de datos por parte del profesor.
2. **Objetivos prioritariamente de procedimiento**. Métodos basados en la adquisición de hábitos de conducta. Se poten-

cia la repetición del acto y se pretende una automatización de la conducta.
3. **Objetivos prioritariamente de actitudes.** Métodos basados en la discusión y el análisis, en la libre adquisición de formas interpretativas del medio. Participación del grupo y técnicas de reflexión.

Los objetivos, contenidos y actividades de una acción formativa están indisolublemente asociados.

De hecho, teniendo a la persona que se forma como referente, podríamos empezar a programar la acción por cualquiera de ellos. Tomar como punto de partida los objetivos ofrece algunas ventajas:

- Un objetivo claro nos permite seleccionar qué contenidos concretos habrá que desarrollar. Hay que evitar la tentación de ofrecer a la persona más información de la que realmente necesita o puede asimilar.
- Un objetivo establecido como prioritario puede ayudarnos a jerarquizar los contenidos, de manera que no dejemos para el final, cuando el tiempo apura, los contenidos vinculados a los objetivos más importantes.
- Un objetivo bien formulado (diferenciado, memorizado, cuantificado, comunicado, aplicado, etc.) nos permite adelantar el tipo de actividad mediante el cual vamos a trabajar un determinado contenido.

Veamos a continuación la relación entre los diversos tipos de objetivos, las metodologías docentes utilizadas para lograrlos y la actuación del profesor.

Objetivos	Métodos docentes	Actuación del profesor
De conocimientos	«**didácticos**» (llamados «tradicionales») Dirección fundamental **profesor alumno** Básicamente «intelectuales», centrados en la capacidad de **recuerdo**.	Básicamente expositiva (Explicación y normas). Gran enumeración de datos. Conducta fundamentalmente **verbal** o de apoyo documental de aporte de datos.
De procedimientos	«**instructivos**» (en ocasiones denominados de «adiestramiento»). Basados en la **práctica** concreta del alumno sobre la realidad y en la **repetición** de la conducta.	Especialmente «práctica». Se convierte en un modelo de actuación. Desciende de manera importante la interacción verbal para convertirse en una **demostración** permanente.
De actitudes	«**formativos**» (en ocasiones mal denominados «modernos»). Métodos activos basados en la **participación** del alumno y en el aprovechamiento pedagógico del grupo.	Básicamente «animadora». Generadora de inquietudes y aportando **información** a demanda del alumno. Interacción empática. Generación de **preguntas.** Alimenta la conducta verbal del alumno.

Para finalizar, y muy relacionado con el tema, saber que también se dan diferencias significativas entre la interacción verbal de un acto docente que pretenda un objetivo cognoscitivo y la que pretenda uno afectivo o psicomotor. La conducta verbal del profesor en el aula debería ser:

- Predominantemente explicativa cuando persiga objetivos de conocimientos.
- Si se trata de modificar actitudes o generar procesos de toma de conciencia, predominantemente favorecedora de la participación y aceptadora de emociones y sentimientos.

- En los casos en que deseara obtener hábitos o conductas repetitivas debería ser capaz de estimular la respuesta del alumno.

Caso práctico 8

Julián es un consultor experimentado y sus clientes confían en su experiencia y profesionalidad, pero hoy le han formulado una demanda difícil. Se trata de una multinacional dedicada a la fabricación y comercialización de productos de electrónica de consumo (equipos de sonido, videocámaras, televisores, etc.) para la que ya había impartido anteriormente diversos programas de formación.

Le plantean el problema siguiente: con motivo de la celebración en Barcelona de una importante feria de imagen y sonido (SONIMAG), se va a desplazar a dicha ciudad, durante una semana, un grupo de doce técnicos comerciales de la empresa. Estas personas trabajan en las distintas delegaciones que la firma tiene en toda España. Se trata de aprovechar la oportunidad de tenerlos reunidos y organizar un curso de cuatro días para todos ellos.

Una de las funciones que vienen desarrollando estos empleados desde hace tiempo consiste en seleccionar y formar al personal que se encargará de promocionar los productos en las grandes superficies y almacenes –con contratos temporales cortos. Llevan a cabo esta tarea durante las campañas diseñadas al efecto, de cuya aplicación práctica también son responsables.

Además, la empresa considera que cada vez es más importante que se responsabilicen del *merchandising* de sus productos, lo cual implica unos conocimientos básicos sobre la materia.

Asimismo, se requiere el desarrollo de ciertas habilidades negociadoras para conseguir los mejores posicionamientos de exposición y posibilidades de promoción en las grandes superficies, y ello en condiciones óptimas.

El curso solicitado apunta hacia estos dos últimos objetivos. El diseño acordado con la empresa prevé destinar dos días al tema de la negociación y los restantes dos días al *merchandising*.

Sin embargo, Julián se muestra preocupado. El tema de la negociación lo resolverá fácilmente, puesto que dispone de material y experiencia suficiente.

Como conoce bien la empresa, no le resultará difícil adaptar los casos y el *role-playing*[1] (juego de rol) a ese contexto, pero el tema del *merchandising* no lo domina tan bien. Igualmente, toda la bibliografía y el material diverso que ha podido encontrar se refieren a empresas del sector de la alimentación o de los productos de limpieza.

Cuestiones para la reflexión

1. Disponéis de muy poco tiempo para preparar el curso. ¿Cómo adaptaríais un tema en el que sois poco expertos a las necesidades formativas del grupo? ¿Dejaríais que fueran los alumnos los que «dedujeran» las diversas situaciones, mientras que vosotros actuaríais más como animadores del grupo? (No olvidemos que se trata de un grupo de alumnos adultos y, como hemos dicho anteriormente, deberíamos potenciarles su natural capacidad de autoformación).
2. ¿Cómo organizaríais los dos días de formación dedicados al *merchandising*, a partir del objetivo básico de que los asistentes extraigan conclusiones aplicables a su realidad inmediata y queden motivados para aplicarlas?

---

1. El *role-playing*, o «juego de rol», es un conjunto de actividades que se realizan en grupo, en las que se proporciona a cada alumno un «papel» concreto a desempeñar, de manera que debe actuar según las características del «personaje» asignado.

3. En el caso de la enseñanza de la prevención de riesgos laborales, temática que suele ser más ardua para los adultos ¿cómo estableceríais un juego de roles que potenciara el deseo de participar y condujera al logro de los objetivos que deseamos?

3. La planificación del proceso de enseñanza

A partir de las anteriores consideraciones (conocimiento de los alumnos y definición de los objetivos que nos proponemos para que se produzca la enseñanza/aprendizaje), determinaríamos la planificación íntegra del proceso.

De esta forma, planificar una enseñanza supondría:

1. Conocer a los alumnos y constatar su grado de implicación en el deseo de aprender. **¿Cómo son nuestros alumnos? ¿Son conscientes de que demandan una enseñanza y de lo que ello supone?**
2. Definir y analizar el objetivo que se persigue según sus características. **¿Qué desean? ¿Por qué lo desean?**
3. Jerarquizar los objetivos y seleccionar el contenido temático que debe llevar a este objetivo. **¿Cómo se llega a este objetivo y qué datos deben aprender para llegar a ello?**
4. Determinar el espacio físico, la estrategia metodológica y las técnicas didácticas más útiles para tales métodos. **¿Dónde debemos enseñarles lo que deben aprender? ¿Cómo conseguiremos que lo aprendan eficazmente? ¿Qué material necesitamos?**
5. Determinar la conducta a seguir por el profesor en cada una de las intervenciones y en la realización práctica del proceso de enseñanza. **¿Cómo debemos comportarnos en cada**

momento? ¿Cómo solucionaremos los posibles problemas imprevistos?

6. Evaluación del proceso de enseñanza. **¿Cómo podemos comprobar que se ha conseguido el objetivo?**
7. Diseño de un plan de enseñanza continuada. **¿Qué recursos usaremos para que los alumnos integren de forma duradera esos datos en su práctica cotidiana?**

Este proceso de planificación no supone un complejo proyecto de enseñanza; puede realizarse rápidamente, e incluso hacerse en forma de hábito de actuación, sin que suponga una especial dedicación.

Caso práctico 9

Juan es un consultor que trabaja por su cuenta. Recientemente ha recibido una llamada telefónica de un colegio profesional que le solicita para conducir un seminario de formación sobre cómo elaborar un plan de formación en la empresa. La duración sería de dos mañanas, ya que no se dispone de mucho tiempo.

Juan pide que le proporcionen más datos. El presidente del colegio (que es quien realiza la llamada) le indica que asistirán unas veinte personas, ejecutivos de diversas empresas. Algunos tienen ciertos conocimientos de formación pero otros no, ya que no han sido preparados para ello. También le comunica el precio que le pagarán por hora y le pregunta si acepta el encargo. Juan acepta y se ponen de acuerdo con las fechas. Al cabo de unos días, Juan recibe un folio con un pliego de condiciones, en el que el colegio profesional le explica lo que pondrá la entidad de su parte (espacios, materiales, tiempo, pago...) y lo que él como profesor deberá aportar (materiales, puntualidad, trabajo teórico y práctico, informe de evaluación...).

Juan ya había oído hablar del pliego de condiciones en un curso sobre Ingeniería de la formación, pero era la primera vez que veía uno de verdad. Por tanto, lo firma y lo devuelve al colegio profesional.

Un mes antes de la formación, una secretaria le llama para recordarle que debe enviar el material para fotocopiarlo. Asimismo, le pregunta qué recursos necesita en el aula o aulas. Quedan en que se lo enviará lo antes posible.

El primer día de seminario, Juan se desplaza hasta el local acordado. Se encuentra en una institución donde el aula de formación está totalmente preparada: carpetas individuales con su material fotocopiado, retroproyector con transparencias y rotuladores, vídeo tal como había solicitado, botellines de agua para cada alumno.

La impresión es muy favorable y Juan piensa realmente que la formación ha empezado bien. Ahora depende de su contenido; intentará hacerlo lo mejor que pueda, ya que la infraestructura que han preparado es realmente excelente.

Cuestiones para la reflexión

1. ¿Qué es el pliego de condiciones?
2. ¿Aporta el pliego de condiciones coherencia y calidad a la formación?
3. ¿Qué impresión causa una organización cuando establece una buena infraestructura de formación?
4. ¿Hasta qué punto son importantes los recursos formativos?
5. ¿Pueden entorpecer y hasta hacer fracasar la formación?

3.1. Selección de técnica y métodos educativos

Denominamos **método de enseñanza** a la estructura formal que permite transmitir unos conocimientos o potenciar hábitos o actitudes. Es importante comentar que unos métodos no son mejores o peores que los otros, sino que unos son más útiles para conseguir según qué objetivos. Existe, por tanto, una correlación entre el método que seleccionemos y el tipo de objetivo al que pretendemos llegar.

Se pueden enumerar características básicas que deben hallarse en la estructura elemental de cualquier método de enseñanza:

1. Las necesidades de los alumnos deben constituir la base del proceso de enseñanza y condicionar los objetivos de enseñanza y el método.
2. El alumno debe sentirse acogido por el profesor y por el resto del grupo, por lo que todo método de enseñanza de adultos debe contemplar la preparación previa del grupo.
3. Todo método de enseñanza de adultos debe aprovechar las experiencias de los alumnos.
4. El método debe ser propuesto a los alumnos, de manera que sean partícipes de su propia enseñanza.
5. Los objetivos de la enseñanza deben ser discutidos con los alumnos, de ahí que el método implique una discusión grupal.
6. El método de enseñanza debe implicar que estos noten el avance docente como recompensa al esfuerzo realizado.
7. El alumno debe hallarse en un grupo homogéneo, con necesidades y características parecidas, en el que se puedan reforzar mutuamente.
8. Un método eficaz de enseñanza de adultos no debe tender a aislar materias, sino a ofrecer un todo homogéneo similar a su propia experiencia de la vida.
9. El adulto debe hallarse fuera de cualquier situación de competitividad con el profesor o con el resto del grupo.

10. Los métodos que se utilicen han de ser los audiovisuales, ya que el alumno recuerda mejor lo visto que lo oído.
11. El método eficaz debe favorecer el recuerdo de los datos aprendidos, de forma que le enseñe al adulto a **ser**, más que a retener datos concretos. En definitiva, debe enseñar al adulto a **aprender a aprender**.

Caso práctico 10

En este caso proponemos una reflexión sobre la experiencia personal de cada uno de nosotros en sus vivencias particulares relacionadas con la formación.

Cuestiones para la reflexión

1. ¿Cuál fue el profesor o la profesora que más le impactó en su formación básica, desde la escuela hasta la universidad?
2. ¿Y en la experiencia de formación más reciente?
3. ¿Cómo era, qué características compartía?
4. ¿Cómo empezaba la clase y cómo la acababa? ¿Cómo se dirigía al grupo, con qué tono, qué recursos utilizaba? ¿Improvisaba o seguía un plan muy marcado?
5. ¿Cómo preguntaba, cómo respondía las preguntas que se le hacían, cómo corregía las pruebas etc.?
6. ¿Ha influido esa persona en su propia tarea como formador (si es el caso), qué aspectos ha incorporado a su manera de dinamizar una sesión de formación?

3.1.1. Métodos para alcanzar los objetivos de conocimiento: métodos expositivos o afirmativos

El profesor explica. Basados, fundamentalmente, en la capacidad verbal del emisor. El alumno recibe la información. Necesaria capacidad de este último para escuchar activamente, siendo necesario que descodifique correctamente el mensaje. Los métodos que pretenden conseguir objetivos de conocimientos están basados en la capacidad comunicativa del profesor. No se trata de convencer sino de exponer situaciones concretas, datos, etc., de manera que el alumno pueda estar informado. La correlación entre esta información y el cambio de conducta es problemática; entender no es cambiar, pero es un paso importante para poder hacerlo. Esta información debe ir acompañada necesariamente por el deseo del alumno (objetivos de actitudes). Para ello es preciso que el profesor cumpla las características comunicativas (sentido del humor, estructura lógica del mensaje, tono y potencia de voz adecuados a cada momento, dirigirse a los alumnos con la mirada, gestos, etc.), atendiendo especialmente a que lo explicado corresponda exactamente a las necesidades del alumno.

Una técnica comúnmente utilizada es la exposición en grupo (grupos pequeños de no más de quince alumnos), lo que permite y potencia la consulta de datos no entendidos. Es una técnica colectiva, por la que el profesor expone verbalmente un contenido o materia a los alumnos. La exposición exige la actividad casi exclusiva del profesor.

En el uso de los métodos expositivos no se debe hacer una utilización excesiva de la palabra como medio de comunicación unidireccional, ya que se le estará negando la naturaleza de comunicación educativa. Si ocurre esto, se está identificando la actividad expositiva con el modelo tradicional, el cual abusa de la técnica expositiva. Pero la exposición como actividad didáctica es necesaria e incluso imprescindible en toda la presentación de la materia y transmisión de información.

Cuenta con ventajas como son: la capacidad de síntesis y la posibilidad de ser útil en la consecución de objetivos afectivos, ya que, con la palabra, el profesor puede motivar e interesar a los alumnos. En este sistema de transmitir mensajes es fundamental atender a las características físicas del lugar de impartición:

- Espacios tranquilos y poco ruidosos.
- Con iluminación que permita una clara visibilidad.
- Disposición confortable del mobiliario.
- Espacio relativamente amplio, sin que llegue a una despersonalización.
- Ambiente sin exceso de calor, temperatura no superior a 20 ºC.
- Posibilidad de verse entre los alumnos.

Se trata de impedir todas las posibles interferencias que distorsionen la comunicación. En la obtención de este tipo de objetivos pueden tener un valor importante otras técnicas que ayuden a la transmisión: vídeos, proyecciones, diapositivas, fotografías, etc. Es importante también disponer de material escrito, siempre que este sea breve, claro y conciso y se establezcan en él normas a recordar. Por denominarlo de forma más general, es lo que podemos llamar acto didáctico sin remitir a pesadas fórmulas pasivas.

Caso práctico 11

El participante llega tarde a clase. ¿Dónde está el formador? Mi primera sensación de sorpresa disminuye cuando me acuerdo de que hoy tocaba el análisis de un caso elaborado por uno de los grupos. Ello explica que la mesa principal esté ocupada por los cuatro compañeros que forman el grupo y no por el formador, que se encuentra sentado cómodamente en una silla en los laterales del aula.

Afortunadamente, he podido conseguir una copia de los materiales con que trabajaremos hoy. Abro la carpeta de anillas y la portada ya anuncia el caso: «El despido libre». Empiezo a leer y me encuentro con la descripción de una pequeña empresa de servicios, distribuidora de material informático importante, con veinticinco empleados. Me sitúan en un contexto macroeconómico de crisis caracterizada por una inflación elevada, congelación de salarios y una disminución general de las ventas.

Analizo unos cuadros porcentuales y me convenzo de que el sector informático es uno de los que padecen más la crisis. Continúo leyendo y veo que la empresa se llama «Informatservicio».

Se relata su breve historia y la reciente elección del nuevo gerente; se describen el organigrama interno, sus actividades, el volumen de ventas, los préstamos obtenidos, etc. Se caracteriza a sus empleados y a los tipos de clientes con que cuenta, que son cada vez menos.

Encuentro similitudes con otras empresas que conozco, y ello hace que continúe leyendo con interés.

Empiezo a deducir los problemas de la empresa. Veo que todo queda reflejado en las actas de las reuniones de gerencia, en los libros contables que se incluyen al final de la carpeta, en unas cifras cada vez más pobres, en previsiones realmente negras, etc.

Leo la carta de despido de tres empleados comerciales, firmada por el gerente y el jefe de personal. Al final de la carpeta, encuentro un anexo con la legislación aplicable. Acabo de empezar el acta casi textual de una reunión del comité de empresa, en la que un representante sindical plantea la ilegalidad del despido: según él, es improcedente.

Al dar la vuelta a la página... ¡puntos suspensivos y en blanco!

¡Me doy cuenta de que ahora soy yo el que ha de continuar la historia! Menudo trabajo. Me pongo a escribir durante diez minutos. Ahora me pasan la continuación del caso que ha elaborado el grupo y me piden que la compare con la mía, respondiendo a una relación de preguntas.

Después me he de poner en el lugar del gerente y elegir la decisión que yo tomaría. Los creadores del caso explican en otra página lo que probablemente sucederá si se adopta mi decisión. Entonces me invitan a formular mi predicción y a compararla con las otras posibilidades según los efectos que tendría. Al final, entramos todos en una discusión en la que ponemos en común cuatro opciones que me han propuesto y argumento cuál es la más parecida a nuestros análisis y predicciones del caso, todo ello compartiendo los trabajos individuales que hemos llevado a cabo.

Cuestiones para la reflexión

1. ¿Cuál es la tarea del formador?
2. ¿Cómo ha de ser el material?
3. ¿Cuál es la implicación de los alumnos?
4. ¿Cómo aprenden los alumnos?
5. ¿Cuál es el resultado de la clase?

3.1.2. Métodos para la obtención de los objetivos de procedimientos: métodos experimentales o demostrativos

En métodos experimentales hacemos referencia a todo método que implique ver cómo se consigue establecer una conducta modelo, experimentar con ella y realizarla.

Debe realizarse bajo la supervisión del profesor, corregir los errores detectados y repetir tantas veces como sea necesario la conducta modelo, la correcta, para que esta se produzca automáticamente en la necesidad real de cada día.

Estamos hablando de formas de transmitir los conocimientos que suponen enseñar a **hacer** a partir de unas posibilidades físicas y psíquicas. Para ello es importante que el profesor se convierta en un presentador del modelo correcto de actuación (un monitor). Este modelo debe ser visto por todos los alumnos, ser capaz de hacer comprender la secuencia lógica de su realización y, sobre todo, ha de poder repetirse hasta conseguir que se ejecute correctamente. De ahí la necesidad de que el espacio docente sea más amplio para que aumente la posibilidad de moverse de los alumnos y de que el mobiliario esté dispuesto de manera que favorezca la práctica. No es posible realizar esta práctica en espacios muy pequeños, sin visibilidad ni capacidad de moverse. Los grupos, fuera de los casos en que el modelo se realiza individualmente, no deberán ser de más de seis alumnos (estamos hablando de adultos con una clara necesidad de realizar aprendizajes muy concretos).

La técnica más utilizada suele denominarse práctica, y una de las cosas más importantes de la misma es la repetición. Una enseñanza que pretenda obtener un objetivo de procedimientos no puede finalizar hasta que el alumno realice de forma automática lo propuesto; esto quiere decir que el alumno debe ser capaz de realizar lo enseñado sin pensar continuamente el siguiente paso a seguir. Razonar los diversos pasos del modelo pertenece al primer momento de la enseñanza. Después de reconocido y razonado el modelo, el alumno debe ser capaz de ponerlo en práctica sin titubeos.

Un ejemplo de este método podría ser la conducción de un vehículo, el problema que representaría tener que pensar la acción a tomar en cada uno de los momentos de la conducción.

Cuando se trabajan estrategias formativas, el formador debe tener en cuenta los siguientes métodos de acción:

- Antes de iniciar un ejercicio, el participante debe tener claro en qué consiste, cuáles son los objetivos que debe alcanzar y cuáles son las reglas de juego y la metodología a seguir.
- El que inicia el ejercicio debe estar convencido de su utilidad e importancia.
- Una estrategia formativa debe planificarse de manera escalonada para que el participante pueda ir experimentando sensaciones parciales de éxito a medida que va realizando el ejercicio. Cuando el éxito solo se vive tras largos y penosos esfuerzos, suele cundir el desánimo y faltar la motivación para continuar el trabajo.

El mecanismo de adopción de una conducta automática no se entiende sin la repetición de la misma. En ocasiones, esto puede implicar un tiempo del que no se dispone: en esos momentos, el monitor debe ser capaz de crear la posibilidad de que el alumno realice individualmente, en su casa, la repetición del modelo enseñado, teniendo en cuenta que debe establecer los mecanismos de comprobación de los resultados. De no ser así, podemos incurrir en el error de suponer adquirida una conducta, una forma de hacer correcta, cuando en realidad está viciada por haberse adquirido hábitos perjudiciales.

3.1.3. Métodos para la obtención de los objetivos actitudinales: métodos participativos, de discusión

Son métodos grupales que incitan a descubrir mi realidad, a hallar soluciones personales, a tomar consciencia de una situación, a comprometerse analizando las contradicciones, los miedos o las reticencias que puedan presentarse.

Se trata de permitir que el alumno descubra cuáles son los mecanismos que le llevan a negar el cambio o le impiden iniciar un proceso de enseñanza. Con estos métodos se pretende descubrir los bloqueos, las negaciones, el miedo a la novedad, la lucha contra los prejuicios, el análisis de un hábito que deberá ser modificado, de manera que permita que el alumno desee iniciar el proceso de enseñanza/aprendizaje.

Estos métodos están basados en la discusión, en hablar en grupo, en escuchar las razones de los demás y exponer las personales. El profesor (animador) se presenta como un colaborador en la investigación de las situaciones que niegan o pueden negar el aprendizaje. No se trata de convencer a nadie, sino de hablar, de comentar la realidad, de ofrecérsela al alumno desde otro ángulo y hacerle comprender las razones que le llevan a un cambio.

Es un proceso de concienciación. No se trata de determinar la conducta de nadie, no se debe convencer al alumno para que deje de fumar, se debe presentar su propia realidad, que la observe, de manera que, en la discusión con otros elementos similares del grupo, descubra la necesidad de hacerlo. Se trata de generar una ayuda consciente y respetuosa para que desee aprender unos datos que debe descubrir como necesarios.

Las técnicas adecuadas son naturalmente las de animación de grupo. El número de alumnos debe ser reducido, entre ocho y diez; la discusión debe darse en un espacio confortable, con una intensidad de luz algo inferior a la necesaria para otros tipos de objetivos con objeto de permitir una mayor intimidad comunicativa. El espacio debe estar pensado para que los alumnos se vean entre sí y puedan hablar cómodamente y moverse con facilidad.

El animador debe coordinar, dar la palabra, potenciar el hecho expresivo de los alumnos, reafirmar lo dicho cuando se encamine al objetivo propuesto, informar en casos de desconocimiento del grupo, debe mantener el tono distendido necesario para generar confianza, y en general, realizar todas las tareas de animación de un grupo.

En general, y para finalizar, comentar que de nada sirven acciones precipitadas y poco planificadas, pues con ellas el alumno no aprenderá realmente e iniciará un sistema de defensa contra todo lo que se le diga y se pretenda modificar. Únicamente una planificación detallada, unos profesionales preparados y unos mínimos medios materiales (entre los que figura el tiempo) lograrán resultados operativos y duraderos.

En la planificación de la formación deberíamos introducir elementos importantes en el diseño de las modalidades y estrategias. Se trataría de ciertos valores, como por ejemplo:

- La colaboración con las personas en formación a la hora de identificar, definir, clarificar y resolver situaciones problemáticas específicas.
- Establecer una mayor empatía y comunicación con el grupo.
- No considerarse expertos infalibles.
- Instaurar la reflexión sobre uno mismo y la autoevaluación como mecanismo para superar las respuestas estereotipadas.
- Toda actividad formativa ha de partir de las necesidades y motivaciones de las personas asistentes. Para aprender nuevos conocimientos se ha de poseer una información básica respecto a ese conocimiento.
- Ser consciente de los objetivos de la formación, del progreso y del éxito de la misma constituye una gran fuente de motivación.
- La formación ha de ser participativa, interactiva y vivida en todo el proceso. De este modo, las personas la pueden reajustar en su experiencia y hacer que resulte eficaz.

Caso práctico 12

En una empresa de sistemas de protección y seguridad (instalaciones contraincendios, etc.) el responsable de formación es un ingeniero industrial que, además, tiene muchas otras ocupaciones. Se trata de la filial de una empresa multinacional que distribuye, comercializa e instala dichos sistemas. El ingeniero reúne periódicamente a la cincuentena de personas que constituyen el equipo comercial de la empresa en todo el Estado y en una jornada maratoniana les instruye sobre nuevos sistemas, prestaciones de sistemas anteriores, etc. El contenido es de un alto nivel técnico. Como formador utiliza la clase magistral y se apoya básicamente en un material que se elabora en el país de la sede central (en castellano) y que incluye algunas transparencias.

Además, dibuja algunos esquemas en una pizarra e incluso ha tomado la iniciativa de producir algún vídeo, aunque en un formato aficionado. Este ingeniero tiene dudas sobre la idoneidad de la formación que imparte y solicita una pequeña «auditoría». Para llevarla a cabo, analizamos los materiales de apoyo (carpeta, transparencias, vídeo), revisamos su plan de formación (intuitivo básicamente) y observamos y grabamos cómo impartía una sesión presencial.

Desde el punto de vista formativo, el material deja mucho que desear: las transparencias contienen demasiada información y el vídeo (filmado y producido por un estudiante) consiste en una conferencia de más de una hora que el mismo ingeniero dicta (imagen de busto parlante), ilustrada con algunos esquemas y transparencias ilegibles o simplemente desenfocados. Asimismo, su clase magistral también es sustancialmente mejorable. Está centrada en el componente técnico de los nuevos sistemas, y aunque no cabe ninguna duda sobre el dominio del ingeniero en la materia, no puede decirse lo mismo respecto de las necesidades concretas de su auditorio, que le sigue con muchísima dificultad. Por otra parte, el ingeniero formula preguntas que contesta él mismo, no responde a las que les plantean los participantes, no se asegura de ser comprendido, etc. Por si todo esto no bastara, el espacio y las condiciones ambientales tampoco son adecuadas para un grupo tan numeroso.

El informe realizado por un formador con experiencia, aunque redactado en un tono positivo, era tan «crudo» que el ingeniero tardó un tiempo en reaccionar, concretamente más de un año. Finalmente, pidió asesoramiento, aunque no para él sino para un nuevo ingeniero que se había incorporado a la empresa y había asumido las funciones de formación. Por supuesto, éste, como formador, seguía al pie de la letra el modelo de su antecesor.

Cuestiones para la reflexión

1. ¿Qué puede hacer el ingeniero del caso para mejorar como formador, teniendo en cuenta la desfavorable situación en que se encuentra porque:
   - la formación no es su actividad principal, pero en cambio debe atender al equipo comercial?,
   - su carga de trabajo no le permite destinar tiempo a realizar un curso de formación de formadores?,
   - el conocimiento que debe impartir es tan específico que no puede delegar esta función en otra persona?
2. Fijarse objetivos en la formación es establecer el alcance de las acciones que vamos a llevar a cabo:
   - ¿Cuáles son los límites de la formación?
   - ¿Cuáles son sus fronteras: la voluntad de la persona, su capacidad, los recursos disponibles, el tiempo,...?
3. La modalidad y las estrategias que hay que emplear en una acción formativa están relacionadas con la eficacia y la eficiencia. Pero ¿son también necesariamente eficientes una modalidad y unas estrategias formativas eficaces?
4. ¿Deben valorarse las posibilidades de intervención que tenemos a nuestro alcance, atendiendo solo a los resultados que podemos obtener o también a los procesos que ponen en juego?

4. La evaluación y el espacio físico del proceso de enseñanza

La planificación de la enseñanza finaliza cuando se verifica la obtención del objetivo. Dicha verificación se realizará a partir de los medio con que se cuente, pero siempre partiendo de una observación directa.

Evaluar la enseñanza no es más que constatar que ésta ha sido **eficaz**, es decir, que se han cumplido las características que definíamos al principio y que determinaban la eficacia docente.

Se puede hablar de la existencia de una doble evaluación:

1. Evaluación puntual al finalizar el proceso.
2. Evaluación después de haber transcurrido un tiempo.

En el caso de la evaluación al finalizar el proceso, la garantía de que lo aprendido vaya a convertirse en una conducta permanente por parte del alumnado es muy remota. Y ello, dado que lo que evaluamos tiene las siguientes consideraciones:

- Memoria puntual.
- Medición de la eficacia docente a muy corto plazo.
- La primera evaluación, que por otra parte es la única que generalmente se hace, no implica en absoluto que el dato haya sido integrado eficazmente en la conducta del alumno, lo único que indica es que se recuerda de forma puntual. Ello, evidentemente, no puede garantizar nada, ni, especialmente, ningún cambio actitudinal.

En consecuencia, la evaluación de los resultados no puede ser considerada como algo fácil. Lo deseable es que se dé una evaluación continuada, lo que implica una constante dedicación por parte de los alumnos, sin posibilidad de olvidar los datos para recuperarlos en otro momento.

La evaluación debe contemplar que se da en el alumno:

1. Un recuerdo duradero del dato. Evaluación a lo largo del tiempo.
2. Una realización correcta de la acción enseñada. Ello implica también que no exista pérdida en el tiempo.
3. La disposición (actitud) por parte del alumno a realizar la acción.

4.1. Fases de la evaluación

La evaluación de un proceso docente no es algo fácil. Precisamente, podemos asegurar que nos enfrentamos a uno de los problemas actuales más importantes de la enseñanza. Por ello es necesario determinar que no hay una sola evaluación, sino que ésta es una actividad continuada que podría tener las siguientes fases:

1. Evaluación durante el proceso

A medida que se van transmitiendo los objetivos. Es una evaluación que forma parte del propio proceso de enseñanza.

2. Evaluación puntual de finalización de proceso

Posibilita la retroalimentación. El alumno puede modificar datos mal adquiridos durante el proceso de enseñanza.

3. Evaluación a corto plazo

Debería realizarse en el marco de tiempo que ocupan los dos meses siguientes a la finalización del proceso.

4. Evaluación a medio plazo

Debería realizarse seis meses después de haber finalizado el proceso. Puede servir para realizar cortas sesiones de perfeccionamiento.

5. Evaluación de mantenimiento

Constatar cada diez o doce meses que la enseñanza se mantiene y realizar operaciones fundamentales de **refuerzo** de los datos enseñados. Las técnicas de evaluación deben ser consecuentes con el objetivo que se pretende evaluar. Es decir, lo que representa una pérdida de tiempo y un error fundamental que puede llevar a desvirtuar la evaluación es constatar que un alumno recuerda un dato y suponer que ello implica, por ejemplo, que puede realizar una acción.

Por otra parte, tampoco todos los tipos de objetivos son evaluables de la misma manera. De ahí que podamos establecer determinadas pautas generales para evaluar los objetivos según la conducta que persiguen.

1. Evaluación de objetivos de conocimiento

Deberá hacer repetir al alumno los datos enseñados, entendiendo que la memoria puntual no supone el recuerdo a través del paso del tiempo. Pruebas de tipo memorístico:

- Preguntas «cerradas» (con una o varias respuestas válidas).
- Preguntas abiertas («explicar» un tema).
- Cuestionarios.
- Tests.

2. Evaluación de objetivos de procedimiento

Se deberá comprobar que el alumno realiza el proceso en la práctica. Pruebas de tipo práctico:

- Pedir que el alumno haga una determinada acción frente al profesor.
- Test de actitudes.

3. Evaluación de objetivos actitudinales

Se trata de una evaluación de actitudes, de deseos, etc. Consiste en la realización de pruebas que verifiquen los cambios de actitud:

a) Observación de los alumnos en:
   - Discusiones en grupo.
   - Conducta habitual del alumno.

b) Tests.

Debe quedar claro que una evaluación nunca ha de servir como mecanismo para anular a un alumno, sino como medio de detectar en qué ha fallado el proceso y poder hallar soluciones para corregirlo.

Ello quiere decir que la evaluación debe investigar dónde se ha dado el error de planificación y corregirlo para conseguir los objetivos que se desean.

Una vez realizada la evaluación, ésta puede resultar positiva o negativa. Es decir, pueden haberse logrado los objetivos deseados o no. En caso negativo, deberemos analizar en ese momento las razones que impidieron el logro.

1. Evaluación positiva

El alumno ha obtenido los objetivos propuestos, los ha integrado eficazmente en su conducta habitual.

2. Evaluación negativa

- Posible desconocimiento de las características de los alumnos.
- Mala definición de los objetivos.
- Posible selección errónea del profesor en la selección de la estrategia docente. Falta de motivación de los alumnos.
- Utilización de técnicas o métodos inadecuados.

Una vez detectado el error, es necesario iniciar de nuevo el proceso para que, una vez corregida la deficiencia, se pueda obtener el resultado positivo que deseamos.

Una **evaluación continuada** debería estar formada por varias fases:

a) Evaluación durante el proceso, a corto plazo y puntual.
b) Evaluación a medio plazo.
c) Evaluación de mantenimiento y durante el proceso.
d) Evaluación durante el proceso, puntual, a corto y medio plazo y de mantenimiento.

4.2. Condiciones físicas del proceso de enseñanza

En ocasiones, la eficacia docente se pierde por algo aparentemente tan poco importante como pueden serlo las condiciones físicas del espacio en el que se da el proceso de enseñanza. Esta variable interviene, por supuesto, en la evaluación de la enseñanza y podría ser un factor, poco tenido en cuenta, del fracaso de la formación.

La enseñanza se da, forzosamente, en un marco físico concreto (local, ambiente, espacio), así como también en un determinado entorno afectivo, formado básicamente por las relaciones entre quienes intervienen en ella.

El espacio físico es determinante para la eficacia docente. Podemos decir que este espacio está desdoblado en:

1. **Macroespacio docente**: la sala en la que se imparte la enseñanza. Esta sala comporta determinadas características físicas que interesan al proceso:
   - **Tamaño.** Debe corresponder al número de alumnos. Cada alumno ha de ser capaz de moverse y adoptar las posturas que desee. No se puede, por el contrario, enseñar algo a alguien en un espacio enorme, vacío o poco acogedor.
   - **Iluminación.** Debe permitir ver bien los objetos y a las personas. Las lecturas se deben realizar cómodamente. Es deseable una luz apacible, sin estridencias, capaz de que el alumno pueda dirigirla sobre el trabajo que realiza. La luz general debe ser clara y de buena calidad, pero sin negar el

carácter hasta cierto punto intimista que conlleva la enseñanza. Sería muy bueno que hubiera luz natural.

- **Temperatura**. La temperatura ideal para un proceso intelectual oscila entre 20 y 22 grados. Naturalmente, cuando el objetivo a perseguir es de procedimiento y se necesita una mayor actividad física, es deseable descender dos o tres grados la temperatura. Es importante no someter al alumno a exposiciones al sol o a focos de calor intensos en alguna zona de la sala.
- **Ruido**. El ruido es uno de los factores determinantes para la eficacia docente. La concentración deseada impide absolutamente cualquier tipo de ruido. Se han de tener en cuenta los ruidos monótonos (aire acondicionado, murmullos exteriores, vehículos en la calle, etc.) que parecen no notarse, pero que generan una fuerte fatiga en el alumno a lo largo de la sesión. Otra fuente de ruido son los propios compañeros Debe impedirse que estos distorsionen tanto la comunicación como la concentración.

2. **Microespacio docente y medios audiovisuales**: son aquellos útiles que facilitan el acto docente. Algunos de ellos están relacionados con el necesario confort de los alumnos y otros, con el material audiovisual utilizado.

Las sillas y mesas sugerimos respetar las indicaciones ergonómicas de lo que podemos considerar silla confortable: espalda recta, posibilidad de cambiar de postura y de apoyar los pies en el suelo, dureza de la tabla del asiento, etc. La silla y la mesa del alumno son piezas clave de su comodidad, y ello potencia o niega la eficacia de la enseñanza. Lo mismo puede decirse para otros útiles propios de tipos de objetivos en los que el alumno debe estar de pie o en alguna posición especial.

Situación de las sillas y de las mesas. Depende del objetivo, pero recordemos que, si deseamos trabajar con un grupo, los alumnos deben poder verse unos a otros.

Material audiovisual. Pizarra, retroproyector, proyector de películas y de diapositivas, vídeo. Deben estar en buenas condiciones, bien visibles, y ser utilizados únicamente cuando es debido. El exceso de uso no permite participar al alumno.

5. La inserción de las nuevas tecnologías (NNTT) en la formación del adulto

Actualmente, la introducción de las nuevas tecnologías (NNTT) en la investigación, desarrollo y formación del adulto contempla y manifiesta un horizonte de progreso, operatividad y pragmatismo en la realidad educativa de este colectivo, del mismo modo que lo hace la inserción de este tipo de herramienta formativa y de asesoramiento entre los profesionales de la prevención de riesgos laborales para la consecución efectiva de los objetivos y directrices marcadas desde la perspectiva de la eficacia docente en el proceso de enseñanza-aprendizaje en el adulto.

5.1. Utilización de Internet como recurso formativo

El profesorado busca, entre otras cosas, proveer a sus alumnos de experiencias de aprendizaje activo, que faciliten la participación de estos en proyectos que promuevan un trabajo colaborativo. Ello debe permitirles investigar el mundo real, resolver problemas y desarrollar estrategias que les faciliten una mayor preparación y comprensión del mundo dentro de su contexto laboral y profesional.

5.1.1. Orientaciones para el uso pedagógico-formativo de Internet en la prevención de riesgos laborales

Muchos profesores pueden desarrollar novedosas habilidades y emplear estas estrategias pedagógico-formativas sin el uso de Internet; los buenos profesores han existido siempre. La diferencia está en la creciente posibilidad que da Internet para recrear en la sala de clases ambientes colaborativos a través del acceso a una gran cantidad de información sobre la prevención y del establecimiento de conexiones con personas expertas en esta materia prevencionista. Aplicado a la formación, el uso de Internet posibilita, a través de nuevos medios, satisfacer en gran medida las necesidades de información, tanto en contenidos como en metodologías y recursos, lo que permite inferir que el mayor valor de esta red para la formación consiste en ser un sistema de difusión del conocimiento y un espacio de encuentro y colaboración, aspectos imprescindibles en los desarrollos formativos.

La rapidez en la distribución de información en la red permite establecer proyectos comunes entre personas de grupos diferentes, lo que conforma instancias de trabajo que superan las barreras geográficas, sociales, económicas y culturales. Para los profesores, Internet ofrece un medio de comunicación con sus pares. Así, un profesor puede contactar con otro que trabaje en materias similares e intercambiar experiencias, conocimientos y recursos.

La red también puede ayudar a reducir el aislamiento profesional en la medida en que permite participar. El uso de Internet puede aportar grandes beneficios al sistema formativo, aunque es difícil predecir su impacto real.

En cierto modo, el proceso de enseñanza y aprendizaje queda liberado del exclusivo ámbito de la sala de clases, pues los alumnos tienen la posibilidad de acceder a recursos educativo-formativos desde cualquier lugar y en cualquier instante. Esta cualidad proporciona nuevas oportunidades a quienes viven en áreas rurales o urbanas distantes de los centros o las aulas de formación. Los recursos de formación se pueden actualizar constantemente y al instante, y la creación de dichos materiales no está restringida.

El profesor, junto con el alumno en período formativo y siempre bajo el asesoramiento y continuo *feedback* entre el grupo de iguales, puede acceder a ediciones electrónicas de la mayoría de los medios de comunicación, así como a una variada información sobre los más diversos temas, que quedan inmersos en la propia introducción en la utilización de las nuevas tecnologías y la prevención de riesgos laborales. Respecto de los alumnos, Internet puede ser, a la vez, una potente herramienta motivacional y una importante fuente de aprendizaje. El profesor tiene la posibilidad de organizar el trabajo en la sala de clases de modo que los grupos de alumnos resuelvan las problemáticas de prevención accediendo a los recursos y servicios de Internet de todo el mundo, o bien produciendo sus propios materiales para ponerlos a disposición a través de Internet.

Por medio de la red, los alumnos pueden comunicarse vía correo electrónico, contactar con expertos, solicitar información sobre temas de su interés, realizar proyectos junto con otros alumnos que puedan estar en su misma situación, efectuar trabajos de investigación e innovación con el profesorado y entrar en una gran variedad de contenidos.

Las fuentes de información y los recursos que pueden utilizar los alumnos están relacionados con la edición de diarios y revistas electrónicas preventivas en forma colaborativa, incluida la producción, desde una perspectiva de innovación, de sus propios servicios web de información, experiencias, etc., que pueden promoverse por la red en todo el mundo. También la producción de informes de investigación en prevención sobre tópicos relevantes en esta materia: medio ambiente, higiene, ergonomía, seguridad, psicosociología, etc.

5.1.2. Información frente a conocimientos

Al trabajar con información en Internet se sugiere que los alumnos desarrollen las siguientes capacidades:

- Evaluar el valor de la información.
- Identificar el o los autores que producen la información.
- Evaluar los motivos, puntos de vista, experiencia del autor.

- Distinguir entre hechos reales, puntos de vista, opiniones y publicidad.
- Seleccionar la información que es más útil para cubrir las necesidades centrales.
- Organizar la información para la generación de nuevo conocimiento sobre prevención.
- Entre las ventajas más evidentes que promueve el uso de Internet podemos considerar:
  - Estimula el uso de formas nuevas y distintas de aprender y construir conocimientos.
  - Facilita el aprender de otros y con otros.
  - Estimula las destrezas sociales y cognitivas.
  - Facilita el aprender haciendo, construyendo cosas y resolviendo problemas.
  - Aporta nuevas herramientas de apoyo a la realización de trabajos colaborativos, diseño, desarrollo y evaluación de proyectos, trabajo interdisciplinario y experimentación.
  - Estimula el trabajo global e interdisciplinario.

Caso práctico 13

En 1994 tuve la oportunidad de residir varios meses en Francia, justo cuando la web e Internet estaban en plena explosión, expandiéndose desde el campo académico a toda la sociedad. Y muchos días, cuando volvía a casa después de unas horas navegando por la red, solo podía exclamar: –¿Sabes qué he descubierto hoy en Internet?

Incluso ahora, cuando tengo la necesidad de volver a entrar en Internet, no puedo dejar de asombrarme. Estoy esperando la visita de un conferenciante. Lo busco en Internet y tengo su foto, su currículo, sus preferencias, cómo contactar con él y hasta algunos fragmentos de las obras que ha escrito (algunas completas).

Me han dado en la tienda un CD equivocado: es un nombre que no conozco, un compositor barroco. Encuentro rápidamente en Internet no solo quién es, la historia de su vida, sus obras comentadas, sino que incluso puedo bajarme algunas de sus obras y oírlas. Después de eso decido no devolver el disco que me dieron, pues creo que vale la pena, así que procedo a romper el precinto sabiendo que disfrutaré con él.

Mi hija quiere una bicicleta de paseo. Pero parece que las tiendas de mi ciudad han decidido que las únicas bicicletas posibles son las de montaña. ¿Existen todavía bicicletas con guardabarros y portaequipajes? Sí. Las encuentro en Internet e incluso puedo comprarlas directamente.

He oído hablar de un producto novedoso. Nadie parece tener información sobre él. Pronto encuentro más de cien páginas con toda la información que necesito y con la forma de conseguirlo.

Consulto cuentas bancarias, hago la compra doméstica, consulto el plano de la ciudad a la que tengo que viajar, miro la cotización de una moneda extranjera, me informo sobre un país lejano, estudio mercados, planeo viajes de vacaciones, encuentro alojamientos que al parecer son invisibles para las agencias de viajes, localizo alternativas más baratas para viajar que tampoco saben ver estas agencias (¡cambiaré de agencia!), consulto los textos originales de la legislación de muchos países... Y sobre todo, encuentro resueltas mis necesidades de formación, no tanto en forma de cursos, que hay muchos y a mi medida, sino a través de información relevante que necesito y encuentro.

Cuando, hace un año, una empresa me llamó para dar un curso sobre Internet a altos directivos, me encontré con un interlocutor que me explicó que tenían que gastar el dinero de alguna forma y por eso organizaban esos cursos. Quiero pensar que pretendía que yo le mostrara argumentos para hacerle ver la importancia de Internet, pero me siento ya demasiado cansado para convencer a nadie: es su empresa y es su vida, y si necesitan que alguien les convenza, ya pueden ir haciendo las maletas para cuando se encuentren definitivamente fuera de juego.

Cuestiones para la reflexión

Muchas personas se quejan de Internet.

1. ¿Cuáles son las principales quejas?
2. ¿Por qué se producen esas quejas?
3. ¿Por qué otras personas no tienen esos problemas o los han minimizado? ¿Cómo los han solucionado?

5.1.3. Internet, uno más entre los recursos de formación

Los recursos disponibles en Internet (páginas web, correo electrónico, listas de interés, publicaciones electrónicas, grupos de noticias, chat, etc.), así como cualquier otro recurso que se incorpore como apoyo al proceso formativo, no tienen sentido si se aplican como fin en sí mismos. El estado actual de avance tecnológico e intercomunicación del planeta nos plantea el desafío de integrar en la formación las herramientas necesarias que permitan participar en esta globalización. De esta manera, alumnos, profesores y expertos pueden, con el apoyo de Internet, compartir ambientes de trabajo esencialmente colaborativos en determinados temas, en los que la diversidad de culturas y experiencias le dará al conocimiento generado en la prevención una mayor riqueza.

Lo más importante es incorporarlos a los demás recursos utilizados normalmente en el proceso de formación. De esta manera, resulta fundamental integrar los distintos medios para un mejor y más efectivo logro de los objetivos pedagógicos y de formación propuestos. Es posible, por ejemplo, tratar un contenido usando varias estrategias metodológicas en forma integrada: motivaciones a través de medios audiovisuales como vídeos, recopilación de información a través de medios escritos (libros, revistas, periódicos, etc.) y otros medios de comunicación (radio, televisión, páginas web), y el desarrollo de actividades apoyadas por medios informáticos (listas de discusión en torno a un tema, acceso compartido a generación de conocimiento a través del correo electrónico, etc.).

Internet es una herramienta más dentro de las posibilidades de comunicación y de formación entre las personas. No se pretende que sea la única usada y, en la medida en que se conocen sus características, es posible potenciar su uso sobre la base de sus ventajas. Por ejemplo, se podrían establecer comunicaciones internacionales a través del teléfono, pero ello tropezará con problemas de coste, mientras que si se utiliza Internet para las comunicaciones internacionales o de larga distancia se dispondrá de una herramienta muy eficaz y económica.

La incorporación del recurso Internet al trabajo pedagógico del profesor se va logrando a lo largo de un proceso que implica un conjunto de etapas. Es recomendable integrar a los alumnos lo antes posible, en la medida en que el profesor se sienta con confianza para hacerlo. Recuérdese que, con estas nuevas tecnologías, los adultos son aprendices lentos, pero la incorporación temprana al propio proceso de formación, como estrategia o herramienta imprescindible previamente insertada como un tema introductorio, permitirá fortalecer la utilización de esta herramienta y conseguir una eficacia real de la propia formación.

5.2. La incorporación de plataformas virtuales en la formación de prevención de riesgos laborales

La proliferación de plataformas virtuales para el desarrollo de materiales didácticos ha tenido como consecuencia el significativo aumento del número de cursos que utilizan la web como entorno para el aprendizaje. Este aspecto es, por tanto, muy relevante y a tener en cuenta en la actualidad para la prevención de riesgos laborales, ya que esta debe ir a la par de lo que acontece en la realidad profesional y finalmente en la formación de aquellos que en un futuro próximo vayan a desarrollar procesos formativos destinados a personas que ejecuten un trabajo.

La difusión del uso del ordenador como instrumento para impartir contenidos académicos caracteriza de forma cada vez más indiscutible todos los ámbitos de la enseñanza. Este hecho no solo está relacionado con factores puramente tecnológicos, como la reducción de los precios del *hardware*, el aumento de la oferta de programas informáticos o el vertiginoso desarrollo de la web, sino que también deriva de la urgente necesidad que tienen los centros de formación de ampliar sus estrategias de innovación, de adaptarla a las necesidades de los adultos en período de formación, junto con la propia legislación vigente, y de hacerla accesible a un mayor número de personas.

Las características básicas de estas técnicas son:

- La multidireccionalidad.
- La interactividad.
- Las múltiples formas de codificación de la información-formación.
- La flexibilidad temporal.
- La flexibilidad en la recepción.
- La creación de entornos abiertos y cerrados.

5.2.1. Actitudes de los alumnos ante el aprendizaje en línea

La mayoría de los estudios que investigan la utilización de la tecnología en la enseñanza a distancia, y como suplemento en la presencial, coinciden en señalar que no existe una diferencia significativa entre los resultados obtenidos en esos entornos y los de la enseñanza convencional tradicional:

- Se realizan sin tener en cuenta las teorías sobre educación a distancia.
- Son descriptivos, apenas existen estudios analíticos y cualitativos.
- No estudian factores relacionados con las características individuales de los alumnos.
- Se llevan a cabo sin los suficientes fondos.

En cuanto a los estudios sobre las actitudes de los alumnos ante la enseñanza en línea, hay que apuntar que, aunque cada vez son más numerosos y que todavía queda mucho por hacer en el campo de la prevención, es necesario tener en cuenta los siguientes aspectos actitudinales:

- Los elementos afectivos que pueden influir en los resultados de la utilización de herramientas informáticas, el aislamiento, la necesidad de instrucciones claras, continuas y específicas, la frustración ante los problemas tecnológicos, etc.
- Las características específicas de cada alumno, las circunstancias personales y del ambiente que le rodean y los estilos de aprendizaje.

Bibliografía

Andrés Reina, M. P. (2010). *Gestión de la formación en la empresa* (2.ª ed.). Madrid: Ediciones Pirámide.

Bianchi, G. (coord.). (2011). *European qualification for occupational safety and health professionals*. Bruselas: Comisión Europea-EACEA.

Bjornavold, J. (2001). *Assurer la transparence des compétences: identification, évaluation et reconnaissance de l'apprentissage non formel en Europe.*

Luxemburgo: Centro Europeo para el Desarrollo de la Formación Profesional de las Comunidades Europeas.

Cid Espuny, M. (2007). «La formación en valores de los directivos». En *Jornada técnica: Políticas de personal y condiciones de trabajo*. Artículo. Barcelona: Instituto Nacional de Seguridad e Higiene en el Trabajo / Centro Nacional de Condiciones de Trabajo.

Colomer Revuelta, C.; Álvarez-Dardet Díaz, C. (2008). *Promoción de la salud y cambio social*. Amsterdam: Elsevier Masson.

Copsey Sarah (ed.). (2010). *Mainstreaming occupational safety and health into university education*. Luxemburgo: European Agency for Safety and Health at Work.

Cortés Díaz, J. M. (2009). *La prevención de riesgos laborales en las enseñanzas universitarias españolas y su integración en los estudios de ingeniería*. Valencia: Universidad Politécnica de Valencia.

Crespo Millán, M. M. y otros (2011). *Manual del recurso preventivo*. Vitoria: OSALAN.

Fernández Zapico, F. y otros (2010). *Manual para la formación del auditor en prevención de riesgos laborales: aplicaciones y casos prácticos* (3.ª ed.). Valladolid: Lex Nova.

Gómez Etxebarria, G. (2007). *Manual para la formación en prevención de riesgos laborales: curso superior* (5.ª ed.). Valencia: CISS.

Gómez Etxebarria, G. (2007). *Manual para la formación en prevención de riesgos laborales: especialidad de ergonomía y psicosociología aplicada* (4.ª ed.). Valencia: CISS.

Gómez Etxebarria, G. (2007). *Manual para la formación en prevención de riesgos laborales: especialidad de higiene industrial* (4.ª ed.). Valencia: CISS.

Gómez Etxebarria, G. (2007). *Manual para la formación en prevención de riesgos laborales: especialidad de seguridad en el trabajo* (6.ª ed.). Valencia: CISS.

INAEM-Instituto Aragonés de Empleo (2011). *Guía para el diseño de planes formativos en la empresa a partir de la evaluación de competencias*. Zaragoza: Instituto Aragonés de Empleo.

Korzeniowska, E., Puchalski, K.; Nofer Institute of Occupational Medicine (2010). *The low educated employees towards health challenges for health education*. Lodz: Nofer Institute of Occupational Medicine.

Llacuna Morera, J. (2009). *Manual para el profesor de seguridad y salud en el trabajo.* Barcelona: INSHT. Estudios Técnicos.

Menéndez Díez, F. y otros (2008). *Formación superior en prevención de riesgos laborales. parte obligatoria y común* (3.ª ed.). Valladolid: Lex Nova.

Pluma, M. (2007). «Formación en prevención de riesgos laborales (ámbito de la formación profesional inicial)». En: *Jornada Técnica sobre Formación en Prevención de Riesgos Laborales: la Estrategia Española de Seguridad y Salud en el Trabajo 2007-2012.* Artículo. Barcelona: Instituto Nacional de Seguridad e Higiene en el Trabajo.

Prevemed-Bewel (2004). *Le guide: tout ce que vous avez toujours voulu savoir sur votre service externe pour la prévention et la protection au travail.* Bruselas.

Rodríguez, S. «Algunas cuestiones sobre educación-formación». En: *Jornada Técnica sobre Formación en Prevención de Riesgos Laborales: la Estrategia Española de Seguridad y Salud en el Trabajo 2007-2012.* Artículo. Barcelona: Instituto Nacional de Seguridad e Higiene en el Trabajo.

Union des confédérations de l'industrie et des employeurs d'Europe (2000). *Sécurité et santé au travail: une priorité pour les employeurs.* Bruselas: UNICE.

VV. AA. (2007). *El abc de la promoción de la prevención de riesgos laborales en la empresa.* Barcelona: Foment del Treball Nacional.

Viñas Armada, J. M. (2008). *Formación básica en prevención de riesgos laborales: programa formativo para el desempeño de las funciones de nivel básico* (2.ª ed.). Valladolid: Lex Nova.

Worksafe BC (2008). *3 steps to effective worker education and training.* Vancuver: WorkSafe BC.

Instituto Nacional de Seguridad e Higiene en el Trabajo. *Notas técnicas de prevención.*

Madrid: INSHT.

NTP 240: Las condiciones materiales del acto didáctico.

NTP 216: Acto didáctico: estructura temporal.

NTP 559: Sistema de gestión preventiva: procedimiento de control de la información y formación preventiva.

NTP 016: Modelo para el diseño y preparación de una clase.

NTP 744: ¿Podemos enseñar a aprender? Coaching: una herramienta eficaz para la prevención.

Enlaces recomendados

http://www.ifprl.com/ http://www.aeball.net/cursos.asp http://www.spasepeyo.es/websp/homespa.nsf/SPFOR_Quienes/Principal/QuienessomosFormacionSP.htm?Open&perfil=sp2c&lang=sp http://www.formacioncontinua.eu/Curso-Tecnico-Formacion-Prevencion-Riesgos-Laborales http://www.grupoprevenir.es/prl/ http://www.hr.ecu.edu.au/osh/html/osh_training.cfm http://www.enetosh.net/webcom/show_article.php/_c-29/i.html
http://www.cramif.fr/
risques-professionnels/risques-professionnels-prevention-formations-risques-professionnels.asp
http://www.team-formation.net/formation-prevention-risques-professionnels

Capítulo II

La comunicación en prevención de riesgos laborales

Jaume Llacuna Morera, Xavier Baraza Sánchez y Ángel Bernal Rapela

> «Si no sabéis comunicar bien con los demás, no sabréis convencer ni motivar. Si no sabéis comunicar estaréis mal informados y no podréis dirigir ni controlar con eficacia.»
>
> (Robert Papin)

En algún momento deberemos decidir qué conductas deseamos modificar, cuales deseamos conseguir y cómo hacerlo, específicamente si la herramienta que tenemos a nuestra disposición es la palabra (hablada o escrita).

La materialización concreta del lenguaje, a partir de esquemas universales, hace que la comunicación lingüística se desarrolle sólo dentro de los marcos de una experiencia que necesariamente se reduce a lo que es común a un considerable número de individuos. Ello quiere decir que los grupos (cultura) se transmiten «necesariamente» informaciones que posibilitan las actuaciones hacia un sentido y no otro, a partir de los esquemas de conocimiento que ha generado el grupo. Todo ello nos lleva a decir que no se habla de lo que no existe o para que algo exista es necesario «formularlo» lingüísticamente. Es necesario que se transmitan los signos que aportan la realidad y su interpretación. Es necesario que el grupo disponga de las «expresiones» adecuadas a los contenidos que desea hacer suyos, que desea incorporar a su cultura, a su historia. El lenguaje debe crear la experiencia. Esta denominada «cultura de prevención» representaría una realidad grupal formulada a partir de una realidad holística no evaluada como un acto aislado sino como una totalidad, una conducta social generada a partir de unos signos concretos. La realidad cotidiana, narrada por sus actores, traspone la simbología para convertirse en realidad y, en consecuencia, manifestarse como un mecanismo automático. El contexto determina la realidad, toda ella, mientras ésta es transmitida, explicada, entre los actores del proceso comunicativo.

Cuando nos comunicamos, utilizamos siempre dos tipos de comunicación: la verbal o lógica y la no verbal o analógica.

- La **comunicación verbal** es el contenido de la comunicación, lo que decimos.
- La **comunicación no verbal** alude al lenguaje del cuerpo, o sea, a cómo, cuándo, dónde y de qué manera lo decimos.

El nivel de importancia de los dos tipos de comunicación se puede expresar en el siguiente porcentaje:

- Comunicación verbal: 30%
- Comunicación no verbal: 70%

El hombre siempre envía mensajes, aunque no tenga conciencia de ello, o aunque voluntariamente no quiera comunicarse. Y esto es porque el cuerpo habla otro lenguaje que el de las palabras.

Por ejemplo: cuando están dos individuos en su casa, y uno está leyendo atentamente el periódico, este último está decidiendo «ahora no quiero hablar, prefiero leer el periódico», y cuando el compañero de butaca del teatro bosteza continuamente, y de vez en cuando mira el reloj, entendemos «está aburrido, la obra no le gusta».

Cuando tenemos un perro en casa, y decimos que «comprende» lo que decimos, es claro que no entiende el significado de las palabras, pero sí toda la comunicación no verbal que las acompaña: el tono de voz, el ritmo y secuencia de las palabras, los gestos, etc.

Si estamos a disgusto en una reunión, es fácil decir que estamos cómodos, pero más difícil que nuestra cara no refleje en algún momento el disgusto, y nuestro cuerpo, a través de cambios constantes y de la tensión muscular existente, no nos delate.

La complejidad de la comunicación humana, la polisemia de los mensajes (cada mensaje no tiene un solo significado, sino varios) hace que podamos incurrir en error al interpretar el mensaje, dando lugar a malentendidos, con importantes repercusiones en las relaciones humanas.

Interpretar como desprecio una señal que no lo es, malentender un comentario crítico que no era personal, permitirnos iniciativas amorosas cuando no hay razón para ello, puede ponernos en situaciones difíciles.

Sin embargo, estando muy atentos o empleando ciertas técnicas, puede suceder que descifremos correctamente el mensaje, aunque éste sea contradictorio, confuso o paradójico.

La historia de la comunicación humana es significativa. Cada uno de nosotros, como individuo, repite el proceso que realizó la especie, la ontogénesis (desarrollo del individuo) repite la filogénesis (evolución de la especie). Del lenguaje de los gestos y del lenguaje de acción, de los actos, a la posterior adquisición de la palabra, para pasar con la escolarización al aprendizaje de la lectura y la escritura.

La **comunicación** entre los seres humanos ha existido siempre, desde los comienzos de la humanidad. El desarrollo de las lenguas proporcionó un mayor y más completo contenido a la comunicación e hizo posible que se alcanzara un verdadero intercambio de información entre las personas. No obstante, también existían medios no verbales como la música o diferentes señales, ya fueran de humo, sonoras como el tam-tam y otras como los dibujos con mayor vocación de permanencia.

La comunicación se realiza por tanto en diferentes niveles: un nivel no verbal (mediante signos, gestos, a través de los sentidos, etc., con un carácter más limitado pero más universal), el nivel del lenguaje hablado y el del lenguaje escrito que tiene la característica de ser conservado, inalterado, etc., y almacenado por múltiples medios.

Se puede recordar como la permanencia de la comunicación escrita a lo largo de la historia se ha alcanzado según los medios existentes en cada período, desde las tablillas de arcilla hasta los soportes informáticos, pasando por un largo camino: rollos de papiro, códices de pergamino, etc.

La civilización occidental tiene en este aspecto su eje central en la escritura en papel. La invención del papel se debe a los chinos, quienes comenzaron a utilizar la seda para los documentos escritos.

Otro gran progreso fue la imprenta, que fue la que permitió la gran difusión de los libros. Johannes Gutenberg inventó la imprenta en 1448 e introdujo en Occidente el sistema de impresión con caracteres movibles. Se calcula que el libro impreso más antiguo, el «Misal de Constanza», el primer incunable, se publicó alrededor de 1450.

En el siglo XVIII aparecieron los primeros periódicos y en los siglos posteriores surgieron nuevos recursos y técnicas de comunicación (telégrafo, teléfono, radio, cine, televisión, informática, etc.).

En el último tercio del siglo XX tiene lugar un desarrollo muy rápido de las telecomunicaciones, que producen una revolución sin precedentes en la transmisión de información. Las nuevas tecnologías, con sus medios y formas antes impensables, han dado lugar en la actualidad a una capacidad de transmisión, almacenamiento y utilización de la información que la humanidad nunca habría imaginado que pudiera llegar a ser una realidad. De este modo se habla de una Sociedad de la Información dada la importancia que tiene en todos sus ámbitos (cultural, económico, etc.).

1. La comunicación en el adulto

Establecer un proceso comunicativo es, inicialmente, un acto involuntario en el que están inmersos al menos dos personas. Dicho acto supone la interpretación que una de ellas realiza de las manifestaciones de la otra. Debemos tener en cuenta, desde el principio, el carácter de **involuntariedad** inicial del esquema (aunque esto pueda parecer extraño dentro de unos modelos tradicionales de entender la comunicación), y debemos también entender que el fenómeno es, al inicio fundamentalmente, un proceso de **interpretación subjetiva** de las manifestaciones del otro.

De esta forma tendremos:

- Manifestaciones de la individualidad (del estar solo). No interpretables puesto que no **llegan** a nadie.
- Manifestación de **alerta**. Primera señal de la presencia de otro.
- Adecuación de la **imagen** a lo que desea **decir** al recién llegado. Lo que desea que el otro **interprete** de ella en el primer momento de contacto (de visualización).
- Interpretación instantánea del otro según mi propio **código de imágenes**.
- Respuesta a la **imagen recibida**, aceptación en este caso.
- Establecimiento de manifestaciones que indican no desear profundizar más. Mantenimiento de la propia imagen, deseo de que el otro DECODIFIQUE según yo quiero mis propias manifestaciones.

1.1. La comunicación en el adulto: las señales de la imagen

Naturalmente, estas señales de la imagen pertenecen a un determinado código, es decir a un conjunto de formas que la sociedad, una determinada sociedad, interpreta de la misma manera. En el fondo se trata de unos concretos prejuicios que la sociedad considera necesarios para la identificación de unas constantes más o menos universales. Son señales que permiten una interpretación rápida del otro sin entrar en otras vías de comunicación, como podrían ser las palabras. De hecho vestir de determinada manera es una determinación a priori de un cúmulo de expresiones que deseamos dar al receptor.

Las señales de la imagen podrían ser clasificadas en dos grandes grupos:

1. Señales de fácil modificación. Se modifican cuando se desean.
2. Señales de difícil modificación. Modificarlas supone un largo proceso de aprendizaje.

En la sociedad en la que vivimos, especialmente en el mundo del trabajo, donde es necesaria cierta posibilidad de imagen que potencie nuestros deseos de participación y promoción o nuestras necesidades de influencia en el grupo, las señales de la imagen que suelen pertenecer a un código general podrían ser clasificados entre las áreas siguientes:

Señales de la imagen	Manifestaciones superficiales	Manifestaciones profundas
Deseo de apariencia	De rápida modificación	De costosa modificación
Pertenencia a un grupo social	**Tipo de vestimenta: Uniformes**	**Adecuación profesional o corporal**
Apariencia de madurez. Esquema de profesional	Vestimentas no imponentes. Credibilidad. Familiaridad. Potencian el acercamiento.	Aspecto de tono serio. Dar sensación de acercamiento.
Apariencia de serenidad, respeto.	Uso de pocos complementos en la vida cotidiana.	Mirada a los ojos. Gestos lentos. Apariencia reflexiva.
Apariencia de compañerismo, amistad, ser fiable	Carácter informal del vestido. Acercamiento.	Atención **receptiva** personal. Imagen de capaz de escuchar
Imagen de capacidad ejecutiva, **eficacia**	Imágenes superficiales relacionadas con el sentido de triunfo	Imagen de apariencia esbelta
	Movimientos rápidos y concretos. Vestimentas con cierto aire de sugerir **admiración** y sensación de estar al día. **Imitación**.	Hábitos alimenticios. Movimientos y deporte. Capacidad de agresividad
	Espacios de trabajo limpios y con pocos papeles. Sensación de rapidez de respuesta	**Eficacia**. Depende de la respuesta de los otros.
		Seguridad en sí mismo
	La imagen de la eficacia es básicamente la imagen del **hacer**, de la capacidad psicomotora para actuar rápidamente y de forma certera. Hay en él cierta imagen del leader que es deseable imitar para que el trabajo sea operativo y rentable. La imagen debe ser de una persona **práctica**.	

<table>
<tr><th>Señales de la imagen</th><th>Manifestaciones superficiales</th><th>Manifestaciones profundas</th></tr>
<tr><td rowspan="3">Signos representativos. Autoridad</td><td colspan="2">Cabe decir, inicialmente, que el signo de Autoridad debe ser entendido como un concepto positivo de influencia en un grupo con capacidad para motivarlo y dirigirlo, no en un sentido cotidiano de autoritarismo prepotente. En este sentido hablamos de autoridad moral, profesional, humana, etc.</td></tr>
<tr><td>Signos relacionados con: Voz
Signos faciales
Vestimentas de tonos austeros</td><td>Capacidad de influencia. Denotar reflexión. Dominar una situación y resolver los problemas.</td></tr>
<tr><td colspan="2">Los signos profundos están relacionados con la imagen de persona reflexiva, (hablar después de pensar), que aporta sugerencias e iniciativas, (capaces de ser llevadas a la práctica) inmediatez en la resolución de problemas. La autoridad, a riesgo de equivocarse en ocasiones, se manifiesta decididamente (no impositivamente).
Oportunidad. La resolución de problemas, como decíamos y es importante destacar, debe manifestarse en el contexto adecuado. Una expresión fuera de contexto es un grave signo negativo para este tipo de imagen.</td></tr>
</table>

<table>
<tr><th>Liderazgo</th><th>Afectividad</th><th>Movimientos de acercamiento</th></tr>
<tr><td rowspan="2">Optimismo</td><td>Sensación de diáfano, esto es: claro, sincero, abierto, etc. Vestimenta más o menos informal. Gran importancia de la voz y las palabras usadas en el sentido de provocar sensación de relajación y alegría. Mirada directa a los ojos. Trato distendido (posible «tuteo»).</td><td>Sentido del humor</td></tr>
<tr><td colspan="2">Es muy interesante destacar en esta imagen que el liderazgo por afectividad suele implicar un tipo de carácter difícilmente adquirible si no se poseen ciertos dones llamémosles naturales. Por supuesto que los signos pueden emitirse deliberadamente y previo un aprendizaje de los mismos, pero en este caso el físico, la expresión, la voz y en general la personalidad del sujeto tienen una importancia mayor que en otros casos. También es de destacar el fenómeno de que este tipo de imagen suele ser contrapuesto a la anterior, (la de autoridad). La práctica nos demuestra que el grupo tiende a identificar muy fácilmente al simpático y que éste no suele ser el personaje interpretado como de mayor autoridad en el grupo (autoridad profesional sobre todo). Por supuesto que las dos imágenes no deben oponerse sistemáticamente pero, insistimos, la realidad social suele hacerlo. En caso de que un sujeto manifestara unos signos de imagen de líder afectivo y, a su vez, fuera capaz de denotar una profunda autoridad, estaríamos frente a lo que denominado un líder natural, verdaderamente un personaje atractivo en todo su ser. Esto suele ocurrir pocas veces. El atractivo que genera una imagen afectiva suele estar relacionada con un aspecto juvenil y despreocupado que no acostumbra a identificar al sujeto del que emana una autoridad. Esto es mucho más notorio en las relaciones profesionales.</td></tr>
</table>

La comunicación por signos de la imagen es importantísima en todos aquellas situaciones en las que la permanencia (contacto) física entre los comunicantes (elementos del grupo) es corta, dado que son las únicas señales decodificables.

Cuando hablamos aquí de la intervención del aspecto **afectivo** de la comunicación estamos refiriéndonos al contacto más o menos empático que se establece entre las personas después de un tiempo de relacionarse. Tal relación comporta, poniéndose en juego, por supuesto, todo tipo de prejuicios, una nueva interpretación de los participantes que debe ser tenida en cuenta puesto que modifica sensiblemente la interpretación general y afecta substancialmente a la descodificación del mensaje profundo que se están intercambiando.

Caso práctico 1

Cuando los jefes eran jefes y los empleados descarriados iban a la calle a las primeras de cambio, en que si alguien malinterpretaba las instrucciones que recibía, recibía una patada en salva sea la parte. ¿Hoy en día las cosas han cambiado? Si entiendo mal las instrucciones, probablemente es culpa suya, que no sabe explicarse. Si le entiendo perfectamente pero no me gusta lo que me dice, me andaré con rodeos, no me decidiré y es muy posible que olvide por completo su petición.

Mejorar la capacidad de comunicación es la primera llave para mejorar la eficiencia.

Pensémoslo. En el trabajo, no se puede hacer nada sin la ayuda de los demás. Puede aconsejar, recomendar, dar instrucciones, tomar decisiones, ordenar, pero todo esto implica a otras personas. Incluso aquellos que trabajan independientemente –como periodistas o abogados cuentan siempre con los demás. En nuestra economía, de una complejidad extraordinaria, las palabras del gran poeta metafísico del siglo XVI John Donne suenan más reales que nunca: «Nadie es una isla».

Así pues, cuanto más eficientemente pueda tratar con otras personas, más eficiente será usted mismo. Y el secreto de tratar eficientemente con la gente es una comunicación persuasiva. La comunicación persuasiva no es el arte de vender (aunque el arte de vender sea una forma de comunicación persuasiva). Una comunicación persuasiva es la que se presenta a los receptores de la manera más adecuada; en otras palabras, de una manera que les persuada a hacer lo que usted quiere que hagan.

Por tanto, una comunicación persuasiva ahorra tiempo, y la pérdida de tiempo es uno de los pilares de la ineficiencia. Pero una comunicación persuasiva presenta dos ventajas secundarias. En primer lugar, en las modernas organizaciones, especialmente en las grandes, la manera de decir las cosas suele tener más importancia que lo que se dice.

Muchas compañías importantes son la prueba viviente de cómo el estilo triunfa sobre el contenido. Todos sabemos que esto es así en lo que al aspecto se refiere: por muy brillante que sea su cerebro o por muy acertadas que resulten sus decisiones, si lleva los trajes arrugados y los zapatos rotos, nunca llegará a presidente. Lo mismo sucede con la comunicación.

En cualquier organización, las personas a las que cuesta entender, pronto quedan catalogadas de torpes. Si la mitad de los ejecutivos del mundo supieran cómo sus secretarias, subordinados y colegas se burlan e imitan sus peroratas, andarían más despiertos, o se volverían paranoicos, o ambas cosas a la vez. En cierto sentido, todo el mundo es consciente de estas cosas. Nadie habla a trompicones deliberadamente.

Cuestiones para la reflexión

1. ¿Por qué nos cuesta comunicarnos?
2. ¿Cuáles son las barreras para una mejor comunicación?
3. ¿Es posible, con una pizca de esfuerzo, aprender a comunicarnos persuasivamente?

1.1.1. Relación comunicativa previa a la primera situación de encuentro

Las interpretaciones que los elementos del grupo se hacen entre sí en situación previa al primer encuentro son muy frecuentes. Suelen estar fundamentadas en:

1. Lugar de procedencia del nuevo.
2. Fama que lleva consigo.
3. Forma a través de la cual se incorpora al grupo.
4. Predisposición del grupo, o de algún elemento, a aceptar novedades según le hayan dejado o no participar en la decisión de las mismas.
5. Todo el conjunto de pequeños rumores aparecidos sobre el nuevo elemento del grupo.

1.1.2. Dificultad de disminuir la tensión creada

Estas situaciones suelen crear una fuerte tensión entre los elementos del grupo. Esta tensión está motivada por el deseo de manifestar posiciones encontradas entre los elementos, cada uno debe dejar clara su postura y ésta se opone a la del otro. Curiosamente, estas posiciones se romperían si uno u otro manifestaran sinceramente las causas del malestar. Notemos que la tensión va en aumento durante el encuentro.

En ocasiones este tipo de relación se parece a la expuesta por Watzlawick en la imagen de una barca en que la pareja, cada uno por un lado, hacen esfuerzos impresionantes para mantener el equilibrio de la misma. La relación entre ellos es de suma tensión en tanto cada uno piensa que debe contener los esfuerzos del otro, de tal manera que cada uno supone que si soltara un poco la cuerda la barca zozobraría y se iría a pique la inestable relación establecida.

En las situaciones de tensión irracional, es operativo también destruir el empaque que supone el mantenimiento de los roles que cada uno se ha adjudicado a sí mismo. Soltar paulatinamente el deseo de competir con el otro obligará a éste a hacer lo mismo y la comunicación se volverá más sincera y menos traumática.

1.1.3. Dificultad de reconvertir posteriormente la interpretación inicial

Cuando los signos de la imagen vienen enmarcados, como es este caso, en lo que pudiéramos denominar una verdadera actitud negativa de uno hacia otro elemento (incluso por la interpretación *a priori* que se ha hecho del elemento antes de verlo), la dificultad de reconvertir la interpretación negativa que se ha hecho es muy difícil.

Las interpretaciones que un elemento realiza de otro en cuanto al tiempo que éstas tardan en evidenciarse podríamos decir que son dobles: en un primer lugar se realiza una interpretación rápida, inmediata, producto, como decíamos, de un reconocimiento inmediato y automático de los signos de la imagen según el código específico que el receptor posea; a partir de este momento, la variación, las modificaciones que se produzcan son mucho más lentas y, en principio, tienden a confirmar inconscientemente las interpretaciones primeras.

Naturalmente que el receptor de tal información (la que proporciona voluntaria e involuntariamente el emisor), puede corregir las primeras impresiones pero sin duda éstas van a pesar muchísimo en el momento de generar determinado cambio. La primera impresión es siempre muy fuerte mientras que las modificaciones que puedan producirse son muy lentas.

1.2. Las señales comunicativas de la distancia interpersonal

Una de las señales comunicativas que más suelen influir en el proceso de descodificación/interpretación de los elementos del grupo, es la distancia que establecen entre ellos. Por supuesto que tales distancias no están deliberadamente codificadas pero sí que existen unas normas, como en los signos de la imagen, capaces de poner en evidencia la relación comunicativa/afectiva de los elementos. Esta distancia depende en muchas ocasiones de la cultura a la que se pertenezca pero, en un contexto general como el que solemos vivir podríamos decir lo siguiente:

Nivel aceptación afectiva. Confianza/conocimiento	Distancia cercana (mínima)	Distancia lejana (máxima)
Pública	3m/8m	+ de 8 m
Social	1.2m/2m	2m/3m
Personal	0,5m/0,75m	0,75m/1,2m

Notemos como, lógicamente, las distancias que separan a los dos comunicantes se acortan a medida que, fundamentalmente, aumenta el nivel de conocimiento y se tiende a que la afectividad (positiva) entre las partes sea mayor. Suponemos que una distancia superior a 8 metros implica ya una reducción, voluntaria o involuntaria, del deseo comunicativo, mientras que sobrepasar la barrera del medio metro supondría entrar en una notable intimidad.

En este proceso de acercamiento gradual se producen alteraciones notables en cuanto a los signos de la imagen que son interpretados por los elementos que se comunican. Así podemos decir que, a medida, que consentimos en que nos invadan el territorio considerado personal, (y nosotros, a su vez, invadimos el del otro), los signos interpretados se particularizan más.

1. **Distancia pública**. Signos predominantes interpretables:

    - Estatura/complexión.
    - Vestimenta en general.
    - Aspecto «general» de aseo.
    - Tipología «normalizada».

2. **Distancia social**. Signos predominantes interpretables:

    - Aspecto del rostro (lo normal es que el decodificador se fije en características de la cara, **ojos-boca** fundamentalmente.
    - En ocasiones se decodifica aspectos muy significativos como son las manos o detalles de la vestimenta.
    - Se identifican detalles (pequeños tics inconscientes) de gestos de rostro y manos.
    - El emisor puede hacer gestos de tapar aspectos negativos (llevar la mano a la cara, no mirar a los ojos mientras se habla, tener las manos ocupadas en lápices o papeles al hablar, mirar al infinito, arreglarse detalles del vestido, hacer movimientos que tienden al alejamiento, etc.).

3. **Distancia personal**. Signos predominantes interpretables:

    - Aparición de otros sentidos decodificadores (olfato, tacto).
    - Fijación muy concreta en aspectos del rostro. Es muy importante el área ojos-boca. Si en una distancia personal no se mira al rostro es difícil dirigir la mirada hacia otro sitio. Suele ser muy difícil mantener la mirada en esa situación, sobre todo de forma **natural**.

Caso práctico 2

«Ser hombre agradable y jugosa conversación. La munición de los discretos es la galante y gustosa erudición, es decir, un saber práctico de todas las cosas corrientes, más inclinado a lo gustoso y elevado que a lo vulgar. Es conveniente tener una buena reserva de frases ingeniosas y comportamientos galantes y saberlos emplear en el momento adecuado. Más le valió a algunos la sabiduría que se comunica en el trato social que todos los conocimientos académicos».

Baltasar Gracian

Cuestiones para la reflexión

Supongamos que se encuentra con un empleado, funcionario, camarero o en general con alguien que trabaja de cara al público. Esta persona está prestando un servicio francamente pésimo y su comportamiento roza la grosería. Puede decidir pasar de largo sobre el incidente o arrugarse ante la otra persona.

1. ¿Cómo nos afecta el comportamiento demostrado en la comunicación formal e informal?
2. ¿Qué aspectos destacarías en la cita de Baltasar Gracian?

1.3. La comunicación hablada

Entramos ahora en lo que tradicionalmente se considera el aspecto fundamental de la comunicación: **el habla**. Queda claro que no es ésta ni mucho menos la única posibilidad de la comunicación, por el contrario consideramos que hablar viene condicionado enteramente por la señal que da el individuo, en su imagen, cuando habla y por la forma de hablar. De ahí que el mensaje codificado propiamente dicho suele quedar frecuentemente condicionado a las otras dos posibilidades comunicativas.

Los signos lingüísticos codificados, palabras habladas en este caso, se emiten de un emisor a un receptor voluntariamente, transmitiendo un mensaje que se pretende que llegue a ser decodificado y, en consecuencia, entendido, asimilado y que aporte el estímulo necesario para que el receptor responda, puede que a través del mismo procedimiento: hablar o cualquier otra posibilidad comunicativa. Esta voluntariedad de comunicación, cada uno habla cuando le parece oportuno, se da en el marco involuntario de la presencia física interpretable que representa una comunicación en principio tan capaz de transmitir un mensaje como el hecho de hablar. Por otra parte, el hecho voluntario de hablar conlleva, indisolublemente, una forma de hacerlo. La forma material que adquiere el signo lingüístico hablado (tono, fuerza, modulación, etc.) es, de nuevo, otra posibilidad comunicativa. Tanto una como otra condicionan la correcta decodificación por parte del receptor.

Representa un error fundamental considerar, como suele hacerse, que el mensaje transmitido vía signo codificado hablado es superior a los otros dos. Precisamente de este error nacen un montón de problemas comunicativos. El emisor puede transmitir un mensaje hablado que contradiga, por ejemplo, el que emite involuntariamente a través de los signos de su imagen y a través de la forma de las palabras. Esto suele ser normal, especialmente en situación de trabajo, donde la posición relativa de un comunicante frente a otro determina tanto la emisión como la recepción del mensaje.

Si hablamos, simplificando el problema para entenderlo en toda su amplitud, de dos elementos que están en situación de comunicación, la relación entre ellos (especialmente en el mundo laboral o profesional), adquiere una de estas tres posibilidades:

1. **Posibilidad A:**

Uno de ellos, que suele ser el que en mayor número de ocasiones representa el papel de emisor está por encima del otro, ello quiere decir en el rol que desempeñan en esa situación, llámese *status* profesional, manifestaciones de poder o dependencia orgánica, prestigio e influencia del primero sobre el segundo, padres e hijos, etc. Lógicamente el mensaje hablado estará condicionado desde el primer momento por la situación de los participantes, de manera que el mensaje final será la suma de un montón de factores:

- Mensaje codificado. Palabras. (Mensaje digitalizado).
- Señales de la imagen (de uno y de otro; siendo determinantes las del emisor).
- Forma del habla.
- Situación del rol de partida de la comunicación.

El mensaje hablado es pues, una cuarta parte del mensaje final, teniendo mayor o menor importancia según el peso de los otros tres.

2. **Posibilidad B:**

Las dos se hallan en el mismo nivel de *status* y la misma situación relativa según los aspectos señalados. Lo lógico es que la comunicación fluya mucho mejor que en la situación anterior. Es la posición de compañeros. En el mundo laboral hay un tipo de comunicación, denominada tradicionalmente horizontal, por la que corren los rumores, las libres interpretaciones de las órdenes y mandatos, etc. que suele ser muy efectiva y muy rápida.

En este caso la comunicación hablada se ve tamizada únicamente por la forma del habla y por las señales de la imagen, que siguen, por supuesto, teniendo el mismo peso que en cualquier relación.

3. **Posibilidad C:**

Es el caso típico del subordinado que inicia el proceso de comunicación hablada. Puede pedir instrucciones, demandar tareas o hacer peticiones de índole personal. La situación se hace dificultosa precisamente por ser él el desencadenante del habla. El mensaje final será el resultado de los componentes que señalábamos en la posibilidad A.

El nivel de tensión relacional/comunicativa dependerá de:

- El conocimiento previo de los comunicantes.
- La interpretación que el emisor tenga del receptor.
- El papel que juegue el receptor. Disponibilidad receptora.
- La dificultad intrínseca del propio mensaje a transmitir.

Lo que nos interesa destacar más es que en estas situaciones la efectividad del mensaje dado suele ser cero, de tal manera que el encargado no conseguirá por este sistema el objetivo deseado.

La ruptura comunicativa es un problema trascendente en el proceso de comunicación. Lógicamente supone la negación de la misma. Podría esquematizarse como sigue:

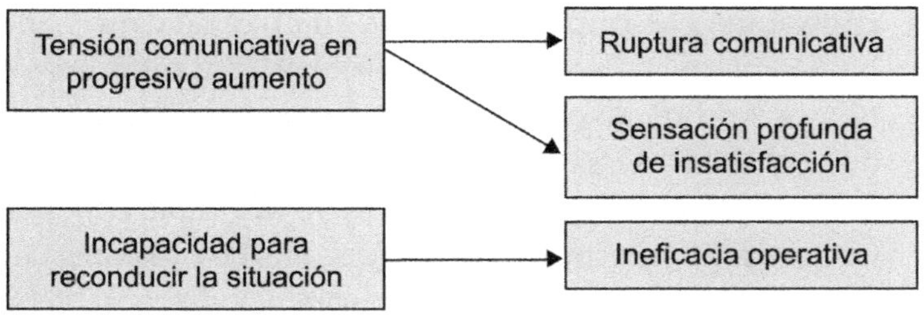

En esta situación real es importante destacar en primer lugar, como hacemos, que la ruptura comunicativa es producida, al margen de los otros factores señalados, por un **problema de forma comunicativa-hablada**, básicamente el tono en el que se establece la comunicación. Hablemos de los grandes problemas que genera el aspecto hablado de la comunicación.

1.3.1. Grandes problemas de la comunicación hablada

Los grandes problemas de la comunicación hablada básicamente son tres:

- Problemas generados por el **canal comunicativo.**
- Problemas generados por el **código de la lengua.**
- Problemas generados por la **forma** que adquieren los signos (palabras) al ser emitidos.

El esquema tradicional del fenómeno comunicativo hablado es de todos conocido. Notemos las características específicas del esquema que hemos diseñado:

1. En primer lugar debemos entender que el ser humano tiene, desde el momento de su nacimiento, una experiencia real del mundo que le rodea. Inicialmente las cosas no tienen nombre.
2. A partir de una enseñanza inicial (padres) el niño va poniendo nombres a las cosas.
3. Lógicamente estos nombres están en un código que conocen los padres en el momento de transmitirlos al niño. Pero estos nombres están adaptados precisamente por ellos, por los padres, de tal manera que, aún perteneciendo al código normalizado de la lengua, los adultos (según su propia experiencia) les han dado determinados matices que, en ocasiones, hacen que el **signo/ palabra** tenga interpretaciones notablemente diferentes según una familia u otra.
4. Ello determina, con el tiempo un código particular de la lengua del niño, formado por:
   - **Su propia experiencia personal.** Si en toda su vida los árboles que ha visto son grandes, su palabra árbol implicará el adjetivo de grande. Otro niño que sólo haya visto árboles pequeños, su palabra árbol comportará inconscientemente la característica de pequeños. Lógicamente, el niño no sa-

brá tal adjetivación en tanto al no poder comparar desconoce si son grandes o pequeños, el carácter de grande o pequeño es intrínseco a la palabra árbol en cada uno de los niños. Sólo cuando, en alguna experiencia diferente de las anteriores, el niño (o adulto) vea un árbol de características diferentes a las que contiene su definición de árbol, notará extrañeza. Lo identificará pero determinará que ese árbol no es el prototipo que encierra su palabra árbol.

- **La experiencia de los padres o adultos que le enseñan el nombre de las cosas**. Ello implica fundamentalmente la connotación moralizante de determinados conceptos (palabras) según la interpretación paterna. De ahí que algunas palabras (suelen estar relacionadas con conceptos locales o de forma de entender la vida) adquieran el carácter de mejores o peores, evitables o inevitables, deseados o indeseables, etc. Es decir: la palabra se tiñe de un determinado valor según es transmitida por unos u otros, según la experiencia particular o cultural del que las enseña. En la identificación de las palabras/concepto con valores morales del grupo o de la persona, se produce el traspaso identificativo de una cultura o de una forma de valorar lo que nos rodea.
- **El código normalizado de la lengua**. Salvo códigos muy particulares y nacidos de una acepción conocida solo por muy pocos, en general las palabras quieren decir (capacidad semántica) fundamentalmente lo que el código normalizado de la lengua supone. Este código normalizado es lo que podríamos identificar con el diccionario de la lengua.

El código particular lingüístico de cada uno de nosotros es, en consecuencia, la resultante de estas tres variables:

1. Experiencia propia de la realidad.
2. Interpretaciones aprendidas.
3. Código normalizado de la lengua.

La comunicación, por lo tanto, se materializa a través de unas fases o sucesiones de circunstancias encadenadas. Si fallara alguna de ellas, el proceso comunicativo no llegaría a su fin, es decir: emisor y receptor no establecerían ninguna relación que implicara una repercusión significativa.

1. Cuando se produce el estímulo capaz de desencadenar la expresión hablada, expresión verbal o digitilizada, el emisor selecciona de su código particular aquellos signos que representan lo que desea trasmitir al receptor.
2. Al convertir en hablado el mensaje que deseamos transmitir forzosamente éste debe ser transmitido a través de un canal físico (atmósfera, hilo telefónico, ondas de radio, etc.). La calidad del medio físico por el que se traslada el mensaje del emisor al receptor es una variable esencial en el proceso de hablar.
3. Forzosamente al tener que materializar el signo para transmitirlo, éste debe adquirir una forma (voz más potente o menos, tono, rapidez o lentitud de transmisión, etc.). El receptor recibe una forma material que debe remitir a su código particular para ver si se halla en él.
4. Si la forma recibida es hallada en el código personal del receptor, se producirá la decodificación, es decir: se buscará el significado de la palabra transmitida. Naturalmente, la decodificación se producirá según el código del receptor. El signo será interpretado en las características que estuviera entrado en el código particular del receptor, sean cuales sean las características (connotaciones) que figuraran en el código del emisor.
5. Una vez decodificado el signo por el receptor, ello será considerado como el estímulo comunicativo de éste, de manera que, al contestar, se convertirá en emisor y el antiguo emisor ahora en receptor, dándose de nuevo todo el proceso íntegro que hemos enumerado.

A partir del conocimiento esquemático de este fenómeno, podemos iniciar el estudio de los grandes problemas prácticos que ello supone. Iniciaremos el estudio por el aspecto que podría ser considerado más superficial pero que nuestra experiencia de docente nos demuestra que suele ser muy grave. Se trata de los problemas planteados por el canal comunicativo.

1.3.2. Los problemas en la comunicación hablada generados por el canal comunicativo

En situación normal el habla corre por la atmósfera. Ello es bien sabido puesto que se trata de un sonido que no sería recibido fuera de este medio. Pero en el medio del que hablamos no se transmite únicamente nuestro mensaje; desgraciadamente suelen confluir en el mismo espacio gran cantidad de sonidos (modulados o no) que dificultan la transmisión correcta de nuestras ondas. Se producen constantemente, por decirlo así, interferencias sonoras en el canal por el que estamos transmitiendo.

Digamos, por poner un ejemplo, que en un ambiente urbano en situación casi idílica, una aula en situación de absoluto silencio, el nivel sonoro es de aproximadamente 45 dB(A).

Ello supone ese ruido de fondo que se mantiene constante en una situación docente de zonas urbanas. No entorpece fundamentalmente la emisión de mensajes pero puede ser fácilmente causa de una cierta fatiga psicológica a la larga.

El problema de la distorsión del canal comunicativo es mucho mayor de lo que suponemos. Debemos tener en cuenta, por otra parte, que además del ruido de fondo, estamos en una situación en la que cualquier pequeño ruido, aun sin llegar a impedir la transmisión sonora, distrae al receptor. Esto es bien conocido en el mundo de la enseñanza. La entrada de un alumno mientras se está desarrollando la clase, distorsiona el canal comunicativo no tanto en su estricto sentido físico como en la posibilidad de dispersión del interés de lo alumnos.

Hay, diríamos, una doble posibilidad de alteración del canal; lo que podríamos definir como alteración objetiva y la que podríamos calificar de alteración subjetiva. En el segundo caso, y puede resultar curioso llamar a ese fenómeno alteración del canal, si el receptor niega su posibilidad de escucha (distracción, desinterés, aburrimiento, etc.), el canal propiamente dicho no se altera pero, se convierte en ineficaz en tanto los sonidos que corren por él se alejan de la recepción, diríamos que no son escuchados aunque sean oídos. El componente de voluntariedad del receptor es elevadísimo. Un pequeño ruido de interferencia puede ser motivo de alteración del canal comunicativo en toda su integridad. Un ruido del exterior, alguien hablando al compañero, la entrada o salida de un participante, etc., son motivos más que suficientes para distorsionar objetiva o subjetivamente el canal de transmisión de signos. De ahí que jamás insistiremos lo suficiente en asegurar que un proceso de comunicación dado en un ambiente de ruido representa una pérdida de tiempo.

Pero no es el ruido el único distorsionador del canal. Tal como venimos diciendo podemos hablar de una posibilidad física de la comunicación, capaz de alterar sustancialmente el proceso en su totalidad. Recordemos que emisor y receptor son seres humanos inmersos en una particular situación física, de ahí que podamos hablar de las condiciones materiales en las que se da el proceso del habla. Cuatro serían las variables que inciden directamente en el posible deterioro físico de la comunicación:

- Ruido.
- Iluminación.
- Temperatura.
- Confort («ergonomía» del proceso comunicativo).

Al hablar de cada una de estas variables debemos matizar antes que la relación **condiciones materiales /mensaje transmitido** es fundamental. Esto quiere decir, en palabras muy simples, que según lo que se desee comunicar así debe ser el ambiente físico en el que se habla. Para poder hablar con propiedad de una verdadera eficacia de la comunicación, debemos correlacionar lo dicho con el sitio en el que se dice. Esto lo saben muy bien aquellos profesionales (vendedores, sacerdotes, psicólogos, etc.) que desean ser verdaderamente eficaces en la transmisión de un mensaje, aquellos que desean que lo dicho se convierta en una conducta. Estamos hablando, en el fondo, de aquellas situaciones comunicativas en las que se pretende hacer llegar un mensaje que determine una respuesta deseada, no hablamos de un diálogo informal de cambio de impresiones.

Caso práctico 3 - La cola del gato

Comunicación de la recepcionista al director de servicios generales:

Un ingeniero ha pisado la cola de un gato; el gato le ha mordido.

Nota del director de servicios generales:

Un joven ingeniero ha golpeado a un pobre gato; el gato se ha vengado mordiendo al ingeniero que ya no puede andar.

Nota del director técnico:

Este ingeniero tonto ha pisado la cola de un gato salvaje. El gato le ha mordido con toda la razón. El ingeniero sufre, se lo tenía merecido, no puede andar, es una buena ocasión para echarlo.

Nota del director de personal:

Según el director técnico, tenemos un ingeniero que es más tonto que los otros y que sufre de los pies después de haber pisado la cola de un gato salvaje, que le había mordido, según el director técnico es el gato quien tenía la razón. Nosotros compartimos esta opinión, incluso cuando se es mordido, no es una razón para pisar la cola a los demás.

Por ello, preparamos la baja del ingeniero por falta grave.

Nota del secretario general:

Según el director de personal, el director técnico se ha vuelto tonto porque un ingeniero ha perseguido a un gato después de un altercado. El director de personal indica que es el gato quien tendría razón, ya que fue el ingeniero quien se ha enfurecido mordiendo la cola del gato. El director de personal quiere echar al Ingeniero.

Pienso que esta decisión puede desembocar en un conflicto grave y que sería un error en el momento social actual. La mejor solución consistiría en echar al director técnico.

Nota del vice-presidente:

Un directivo se ha vuelto loco porque un ingeniero ha aplastado a otro ingeniero que había mordido cruelmente a su gato.

El secretario general indica que es el gato quien tenía razón. Evidentemente, el secretario general, es tonto y su baja está preparada.

De todos modos la experiencia ha probado que los tontos nunca han entorpecido la buena marcha de nuestra empresa, es por lo que preferimos preparar la baja de los dos directores implicados.

Informe del Presidente Director General al Consejo de Administración:

Un gato salvaje es el origen de graves problemas en nuestra compañía.

Los directores se vuelven cada vez más tontos, parece que se muerden la cola cuando andan y quieren quitar la razón al secretario general y al vice-presidente quienes se han vuelto locos.

El director técnico ha aplastado a un ingeniero y el director de personal, traumatizado, pretende que sólo los tontos son capaces de hacer funcionar nuestra empresa. Tengo previsto pedir mi jubilación anticipada y dejar la empresa para consagrarme al estudio del comportamiento de los gatos.

Cuestiones para la reflexión:

1. ¿Qué aspectos destacarías en la lectura del texto anterior?
2. ¿Aunque puede ser no creíble, describe una situación personal en la que el canal comunicativo se ha roto?

Al hablar de comunicación dirigida a un cambio de conducta debemos tener muy presente que según sea el tipo de respuesta que esperamos el lugar, tono, situación, etc. de la comunicación debe ser adecuada a ello y no contradictoria, en cuyo caso el objetivo nuestro no se obtendría. Siguiendo un esquema tradicional de la pedagogía, podríamos decir que las conductas esperadas de nuestros receptores pueden ser de tres tipos:

1. Conductas cognitivas

Se espera que los receptores recuerden y entiendan procesos o enumeraciones. Se trata de una conducta intelectual por llamarla de alguna manera, que no implica en principio otra actividad que el reconocimiento, la identificación y la diferenciación.

2. Conductas psicomotoras

Se espera de los receptores que hagan una operación de forma ordenada y coherente. Se espera una respuesta física, una manipulación o la realización de un proceso que implique objetos materiales.

3. Conductas afectivas

Se espera respuestas actitudinales, deseos de participar en tareas, predisposiciones a adquirir nuevos hábitos o a modificar conductas; se pretende que el receptor evidencie sus propias actuaciones frente a algo y desee alterar las respuestas que da.

Si relacionamos la conducta esperada con el proceso comunicativo, llegaremos a la conclusión que, para esperar una eficacia elevada, el citado proceso comunicativo debe darse en un marco material específico.

Como es lógico en toda situación interpersonal, la aplicación estricta de lo enunciado teóricamente suele ser tan contraproducente como el no tenerlo en cuenta. Por supuesto que pueden obtenerse muy eficazmente los objetivos deseados en situaciones materiales adversas pero no suele ser frecuente y, lo que es peor, exigen del emisor un esfuerzo añadido que podría ser utilizado en mejorar el hecho mismo de la transmisión.

Por decirlo en palabras muy elementales y con un ejemplo tal vez demasiado simple, un sacerdote tiene muy claro cuando habla a un conjunto numeroso en la enorme nave del templo en el oficio del domingo y cuando está hablando con un penitente en una situación de confesión. Los objetivos conductuales que pretende dicho sacerdote son bien diferentes en las dos situaciones presentadas y el marco material en el que se dan nada tienen que ver entre sí, tanto en lo que hace referencia al espacio físico como a la proxemia entre los comunicantes.

En lo que hace referencia al confort en el que se da el hecho comunicativo, éste es una suma de los factores enunciados anteriormente más el volumen del espacio físico en el que se da y los implementos materiales en los que se instala el receptor.

Las dos últimas cosas determinan lo que llamamos el macro-espacio y el micro-espacio comunicativo.

1.3.3. Los problemas generados por el código de la lengua

Ya hemos hablado anteriormente de los problemas causados por la necesidad de dar un signo (fonético en este caso) al concepto que desea transmitirse. Dicho concepto, que se desea transmitir, adopta la forma de sonido, de un determinado sonido articulado, como adopta en el caso de ser escrita la comunicación la forma de un signo gráfico, que es decodificado por el receptor para llegar, a través de él, al concepto, más o menos cercanos según su experiencia personal, que se pretende transmitir.

Como ya decíamos al introducir el tema de la comunicación hablada, la mayor o menor comprensión entre los hablantes viene determinada por la similitud de experiencias que le lleven a llenar de determinada manera ese signo.

Una situación similar, de comprensión total, puede darse también en determinadas parejas que han creado ya un código cerrado y personal para ellos. Suelen aludir a situaciones muy específicas que han vivido juntos y de las que se extrajo una experiencia idéntica en ambos. Así una pareja puede hacer alusión a una palabra que les lleve a entender perfectamente a que se están refiriendo sin dar más explicaciones. No obstante, la situación normal de habla no es ésta. Suele decirse que, entre personas cuyo trato no es cotidiano y que se hallan en situación comunicativa de manera esporádica, el sector de intersección en el que el código de uno y de otro entiende exactamente lo mismo, no sobrepasa el 30% del contenido total del signo en cada uno de los participantes. El resto tiene puntos de conexión referenciales pero no es exactamente lo mismo y existe una zona del contenido del signo que es comprensible únicamente por el sujeto individual y no en su relación con otros.

Si atendemos a lo dicho deberemos notar que, en una situación de habla normal entre personas de no gran conocimiento entre sí, la zona de compresión no va más allá de un 50% del contenido del signo, incluyendo en él determinados aspectos que sin ser exactos entre ellos son lo suficientemente cercanos como para permitir una comprensión adecuada. Naturalmente, depende del tipo de palabras que la intersección sea mayor. Ello puede deberse tanto al carácter común de dicho signo como a la pertenencia de dicho signo a una cultura, grupo, etc. en el que es más frecuentemente usado.

De todas maneras, aun en nombres comunes tan frecuentes como casa, hombre, mujer, día, noche, etc. no podemos dudar de que la experiencia de emisor y receptor es distinta y, sobre todo, de que existe una parcela que podríamos denominar íntima que carga de connotaciones subjetivas la palabra de manera que no es idéntica su comprensión por ambos participantes.

Si ello es cierto incluso en palabras muy comunes, se evidencia totalmente cuando el signo hace referencia a un contenido abstracto, poco relacionables con un objeto material. Éste es el caso de palabras muy utilizadas como democracia, libertad, poder, economía, etc. Palabras en las cuales cada participante tiene una parcela de subjetividad muy elevada según haya sido su experiencia personal y la interpretación de la misma que haga.

Existen, no obstante, determinadas técnicas que tiene como función ofrecer un aumento de la comprensión entre dos personas:

- Definir el **concepto** ampliamente la primera vez que es enunciado.
- Adjetivarlo abundantemente para proporcionar más **datos** al interlocutor.
- Hacer referencia a una **imagen** que muestre el concepto o que lo referencie ampliamente.
- Usar otras palabras **sinónimas** que por si son más conocidas por el receptor.
- Hacer referencia al **objeto real**, mostrándolo si es posible.

1.3.4. Los problemas de afectividad transmitidos a través de la comunicación hablada

El fenómeno de la comunicación posibilita la transmisión de aspectos afectivos simplemente por la utilización de una manera u otra de las palabras o del tono con el que se emiten (prosodia).

1. Aspectos fonéticos

Sonido más o menos desagradable del signo. Aspectos cacofónicos o, por el contrario, armonías de sonidos capaces de despertar musicalidades agradables al oído. Aspectos poéticos del sonido. Posibilidad onomatopéyica del signo; es decir: de reproducir el sonido real de lo que se pretende transmitir.

Onomatopeyas: el ruido que rueda; la hermosa rosa; etc.

2. Aspectos culturales

Sonidos que implican una connotación cultural, es decir: que en determinada sociedad, el propio sonido es interpretado de forma peyorativa o, por el contrario, referida a algo positivo o hermoso.

Denominaciones: colega, jefe, amigo, mafioso, etc.

3. Aspectos correlacionantes

El signo, el aspecto formal del signo, es identificado rápidamente con otros signos u otras realidades, alejándole del sentido que inicialmente tenía. Estos mecanismos son frecuentemente usados en la práctica poética del lenguaje.

Relaciones: mar con muerte; río con vida que pasa; etc.

4. Aspectos significativos del tono

Un signo puede adquirir una interpretación u otra según el tono en el que está emitido. Es bien sabido que una palabra puede decir lo contrario de lo que semánticamente indica si el tono usado en su transmisión es, por ejemplo, de burla, de indiferencia o de provocación.

Fonética: Decir a alguien que está *trabajando mucho* con el tono adecuado para indicar lo contrario.

5. **Aspectos significativos originados por la repetición del mismo signo**
   Un signo puede ser repetido varias veces deseando con ello provocar precisamente un cambio en su significado. Es el típico «bien, bien...» para indicar lo contrario. El signo es emitido en un tono particular que culturalmente se acepta como indicador de duda o crítica.

   Repeticiones: bien bien; caramba caramba; etc.

1.4. La comunicación en el grupo

Por supuesto que todo lo dicho hasta este momento puede referirse al grupo; cuando hablamos, por ejemplo, de las relaciones afectivas o de las señales de la imagen que se dan entre dos personas, lo dicho debe hacerse extensible a la totalidad de un grupo. En principio, deberíamos decir que dos personas, aun sin un conocimiento previo y sin objetivos comunes que perseguir, representan ya una situación grupal en tanto la conducta o manifestación de una condiciona la del otro. La simple presencia es un estímulo que, a la corta o la larga, conciente o inconscientemente, el otro responderá de alguna forma. Es en este sentido en el que consideramos la interacción entre dos personas como un inicio de lo que denominamos situación grupal.

No obstante, en este apartado deberíamos centrarnos en la relación comunicativa que se establece en un grupo pequeño y de objetivos laborales. Insistimos en que la interacción será prácticamente la misma se trate de un grupo de amigos o de un grupo de trabajo; la diferencia es el contexto en el que se da la relación:

- Elementos **no voluntarios**. Sin ser consciente de ello emitimos palabras o tonos que desvirtúan el sentido de la comunicación.
- Objetivos de **producción**. En un grupo puede intervenir de manera clara el deseo productivo de que la comunicación dé unos resultados concretos.
- **Jerarquización**. Aunque se trata de un grupo informal siempre suelen darse diferencias en los *status* de los participantes.
- Grupo **organizado**. Nos referimos a los roles que las personas adquirimos en el grupo y que determinan frecuentemente la comunicación.
- Deliberado abandono o **negación de situaciones extra-laborales**. Aunque estén presentes. Se supone que referirse al mundo familiar o de ocio es, de una manera u otra, apartarse de los objetivos de producción.
- Relación establecida a partir de unas **condiciones materiales** concretas o invariables.

Esta particular situación determina que las relaciones que se establecen en ella adquieran tonos diferenciales respecto de otro tipo de grupos, si bien, en esencia, la situación o las situaciones grupales son las mismas. Podríamos iniciar diciendo que en un grupo se producen, fundamentalmente, dos tipos de relaciones, las que llamaremos complementarias y las que llamaremos simétricas.

Dichas relaciones pueden hallar su reflejo en lo que posteriormente citaremos: la posición de unos respecto a otros, análisis transaccional. Intentaremos hallar las conductas específicas que tales relaciones determinan en un ambiente laboral.

1. Las relaciones complementarias suponen que unos adquieren respecto a otros una situación de dependencia (paterno-filial), se dejan orientar, necesitan de la ayuda constante, etc.

Elementos complementarios

Situación alta	Situación baja
Orientación Maestro Ayuda constante Paternalismo Protección Actividad Posesión Consejos **Habla**	Situación de aprendizaje Dependencia laboral y afectiva Inseguridad en el trabajo Falta de madurez Se acude al «protector» frente a terceros No se realiza un trabajo «propio» **Escucha**

2. En el caso de la simetría, los elementos del grupo intentan abordar los problemas y las relaciones comunicativas desde una óptica de igualdad, de confrontación de ideas, incluso de competitividad.

Elementos simétricos

Aspectos positivos	Aspectos negativos
Diálogo Competencia leal Confrontación de ideas Participación Autoaprendizaje Colaboración con el grupo Negociación **Discusión**	Competencia irracional Dureza de expresiones Agresividad Abandono del propio trabajo para establecer «campos» de competencia externos al trabajo Individualismo Marginación voluntaria **Tensión comunicativa**

En situación laboral, estos dos tipos de relaciones comunicativas ofrecen una variada gama de trabajadores; desde el capataz (lo sea o no orgánicamente), hasta el elemento pasivo que somete toda su capacidad de trabajo a lo que se le ordena, sin ningún deseo de participar. Las relaciones verbales que se establecen entre ellos también se hallan condicionadas por esta relación. Veamos los tipos que pueden generarse en un grupo de trabajo y las manifestaciones con las que suelen relacionarse:

1. Rol de «Jefatura» / liderazgo laboral

No tiene por que ser el jefe según el organigrama de la empresa. Puede ser un individuo con muchos años de experiencia. Suele ser aceptado por los conocimientos que tiene del trabajo, pero no suele ser admitido afectivamente. Genera competencia y agresión. Si coincide con un elemento positivo, puede transformarse en un ser paternalista que, sinceramente, desea ayudar, pero lo hace con los suyos, no con quienes no aceptan su jefatura.

2. Rol de «Crítico agresivo»

Suele competir tanto con la jefatura orgánica como con la natural. Desarrollan una inteligencia agresiva capaz de oponerse sistemáticamente a lo que ellos consideran el Poder. De carácter fuerte, es la eterna oposición. Pretende, sin dudas, generar un subgrupo que le apoye y compita con el que ha creado el jefe. Ocuparía su puesto si pudiera de hecho, no representa un papel muy diferente del anterior, sólo que la situación le ha convertido en opositor.

3. Rol de «Zapa» / Subterráneo

Suele esconder un personaje con determinados complejos de inferioridad que, paradójicamente, se convierten en actitudes de crítica y, fundamentalmente, desprecio hacia casi todos. Se siente infravalorado pero no compite positivamente sino que pretende conquistar al grupo a través de veladas críticas, amiguismo extra laboral, incluso compra de apoyo.

Es el personaje que más utiliza los recursos afectivos para su labor de control. Puede sentirse «muy olvidado/odiado/envidiado por quienes detentan el poder». Esto lo pone de manifiesto a la mínima que puede frente a sus compañeros. Está y desea estar en situación alta respecto de su subgrupo.

4. Rol de «Representante del grupo»

Se trata de un personaje que supone tener la información necesaria del grupo para conocer sus necesidades y aspiraciones –habitualmente propuestas económicas y de organización del trabajo de tal manera que él puede dirigir el grupo hacia la reivindicación de sus deseos–. En este tipo pueden incluirse aspectos sindicalistas del elemento (con la mayor sinceridad en gran número de casos). El grupo suele identificarle muy fácilmente. No tiene nada que ver con un líder de tipo profesional (no se le pide que sea un experto en su trabajo). Tampoco suele ser un elemento extraordinariamente afectivo (líder de afectividad o simpatía/amistad).

5. Rol de «Técnico / Intelectual / Profesional reconocido»

Si no pretende con tal papel dirigir el grupo, suele ser un personaje muy positivo. Puede derivar en un individualista. Puede hacer notar un cierto alejamiento del grupo al que se presenta como superior. Esto puede darle un aire de antipático. Es respetado por el grupo pero éste no suele tenerle en cuenta en sus manifestaciones afectivas.

6. Rol de «Marginado»

Es un personaje que no suele establecer ni siquiera una relación de dependencia. Le hemos incluido en este apartado en tanto en ocasiones muestra su marginalidad como un deseo de que alguien le tome bajo su protección es decir: se sitúe frente a él en situación complementaria.

Son candidatos idóneos para que el papel, antes definido, de «zapa/subterráneo» intente atraerles a la definición de un subgrupo de individuos que se lamentan de la situación. En muchas ocasiones suelen ser tímidos cuyo gran problema es haber sido invadidos por los papeles fuertes del grupo.

7. Rol de «Dependiente»

Característico papel de personaje complementario de un rol fuerte. Normalmente, se halla en situación de inferioridad en el grupo. Dicha inferioridad puede darse por falta de experiencia laboral, por carácter o por desear un puesto cómodo y de poca responsabilidad. Actúa como le dicen y admira a quien le marca la pauta de conducta. En el mundo laboral puede darse en individuos de gran conformidad y que no desean tener problemas con nadie. En un grupo de trabajo, puede darse en individuos de gran frustración laboral y personal que hallan, por este mecanismo, una cierta desconexión con un trabajo que no les satisface.

8. Rol de «Adherente»

Podría ser considerado una variante del tipo anteriormente señalado. No obstante, en éste se da el carácter de personaje deseoso de caer bien, de congratularse con la mayoría de los elementos del grupo. El adherente suele serlo de varios elementos; cuando es adherente de uno sólo, puede convertirse en un verdadero problema. Existe, por su parte, una variable de posesión. No suele coincidir con el personaje afectivo, ya definido, dado lo cual no es especialmente querido o aceptado por el grupo, ni siquiera por el elemento al que se adhiere.

9. Rol de «Ensalzador de un elemento»

Se trata de una nueva modalidad del dependiente. En este caso, la dependencia se da de un sólo elemento y adquiere connotaciones de ganancia en tanto el «pelota» lo es para conseguir algo de su complementario. Dicha ganancia puede ser el afecto o un bien material. Se diferencia del «pegajoso» en que éste último ocupa su papel por necesidades afectivas mientras que el que ahora analizamos genera su dependencia –a menudo potenciada por su complementario en virtud de un beneficio–. En el mundo del trabajo, tal beneficio suele ser una mejora sustancial de su puesto.

De una forma u otra, la comunicación del grupo de trabajo se establece siempre a niveles distintos de relación. Por supuesto que también existe la situación de simetría, entre elementos que se relacionan a partir del mismo punto de interpretación pero no es frecuente. Se supone que, dado el mayor número de elementos iguales según el organigrama, esta situación de igualdad comunicativa, debe ser la habitual; esto no es totalmente cierto, y el número de relaciones comunicativas complementarias es superior a las simétricas. Sería difícil explicar las razones que hacen que esto sea una evidencia por todos vivida, tal vez el carácter afectivo de numerosas relaciones comunicativas, como ha quedado explicado a lo largo de estas páginas, convierte cualquier relación en una proyección de nuestras propias necesidades y deseos.

Lo cierto es que en un grupo, unos dependen de otros y esta relación a su vez, puede modificarse con el tiempo y aun con el hallarse en una situación concreta. Todos los tipos que hemos enunciado someramente pueden darse en el papel de fuertes, y ello implicaría una cierta manera de ser y de interpretar la relación humana o débiles o situacionales, lo que determina ocupar puntualmente una plaza sin que ello convierta al elemento en un papel fijo en el tiempo o en cualquier grupo.

Cuando se establece una relación comunicativa, ésta mueve un determinado aspecto del individuo. Es muy importante destacar que en dicha relación se halla el papel tomado por los comunicantes. Es decir: Es la situación comunicativa la que determina el aspecto adoptado.

La posición de dirigente supone una dirección hacia una posición inferior. El dirigente organiza/manda/enseña a un elemento en posición de trabajador o de aprendiz. El trabajador o el aprendiz se sitúan en dichas posiciones en tanto existe el jefe (real o interpretado por los propios elementos del grupo). La calidad (el estilo, la forma de la comunicación) determinará en sí misma que lo expresado sea considerado una imposición o una ayuda sincera. Estas formas comunicativas, de las que ya hemos hablado, podrían aquí dividirse en dos grandes apartados:

- Forma impositiva.
- Forma participativa / colaboradora. Posibilidades de actuación paternalista.

La relación que establece una posición superior (Dirigente-Trabajador experto) frente a una inferior (Trabajador experto-Aprendiz) según los momentos concretos, se ve tamizada por la forma de la misma. Ello, a su vez, puede darse tanto porque de manera real el aspecto superior desea manifestarla explícitamente, como porque sea interpretada así por el inferior.

A su vez, las posiciones inferiores, hacen una interpretación subjetiva de la relación que el otro establece. Dicha interpretación puede obligar al inferior a entender la comunicación como autoritaria, ayuda a un mismo nivel, desprecio o falta de valoración.

Estas complejas relaciones suelen ser problemáticas en el mundo laboral, del que depende, una producción y una calidad del producto elaborado. En las situaciones que hemos llamado de complementariedad, las relaciones se establecen entre posiciones a distinto nivel, y en las de simultaneidad al mismo nivel.

Notemos, además, que en un grupo estructurado (un grupo de trabajo) la relación entre las personas se establece a priori y desde un organigrama que genera la propia empresa. Naturalmente, dicho organigrama no tiene porque coincidir con la situación real del grupo. Es lo que denominamos relaciones formales e informales de un grupo. La similitud o la diferencia entre el esquema o estructura formal y la informal determinan que el grupo de trabajo tenga mayor eficacia o que se pierda en discusiones e interpretaciones erróneas. Un problema fundamental, pues, es la no coincidencia en los dos planos.

La posición de **dirigente** puede, a su vez, ser real en el organigrama (exigida por la empresa) o interpretada por el propio emisor. Si la situación de sintonía es producto de la estructura formal de la empresa, podemos asegurar que el trabajo no llegará a los objetivos propuestos. Si, además, la situación de dirigente se traduce en una forma de imposición y autoritaria, podemos asegurar que las irregularidades en el trabajo serán muchas y la conflictividad será muy alta.

Caso práctico 4

A muchos nos gusta pensar que el *status* no es tan importante como era hace una o dos generaciones. Podemos señalar las leyes de igualdad de derechos, los diseños de puertas abiertas, el atuendo de trabajo *casual* y la atribución de poder que tienen los empleados como algunos ejemplos de factores que han vuelto más igualitarias a las organizaciones. Pero la realidad es que todavía vivimos en una sociedad estructurada en clases.

A pesar de todos los intentos para que nuestra sociedad sea más igualitaria, hemos hecho pocos progresos para terminar con las clases. Incluso en el grupo más pequeño surgen papeles, derechos y ritos para distinguir a sus miembros. Vemos incluso que en las organizaciones de la nueva economía se adaptan mecanismos para crear diferencias de *status*. Tomemos por ejemplo el correo electrónico, una herramienta común que sus defensores afirman que democratiza las organizaciones. Permite que la gente se comunique a través de las líneas jerárquicas, sin los obstáculos de porteros y protocolos. Permite, entre otras cosas, que los empleados de nivel inferior se comuniquen directamente con los de arriba sin tener que pasar por los canales de autoridad tradicionales. ¿Pero sabe usted? Las diferencias de *status* se han pasado al correo electrónico. Un estudio reciente de unos 30.000 mensajes en una empresa de la nueva economía que no impone títulos a los puestos, está organizada en equipos y se enorgullece de que las decisiones se toman democráticamente, enseña conocimientos interesantes. A pesar de las intenciones igualitarias del correo electrónico, los empleados de la compañía se las ingeniaron para encontrar medios de usarlo y, a un tiempo, establecer distinciones sociales. Por ejemplo, los empleados de mayor estatus enviaban mensajes cortos, breves, en parte para reducir el contacto con los empleados de menor categoría pero también para proyectar soltura con su propia autoridad. En cambio, los empleados de nivel intermedio escribían mensajes extensos y polémicos cargados de jerga y respuestas exageradas a preguntas sencillas. Los mensajes de los empleados de nivel menor tenían elementos que no se relacionaban con el trabajo, como chistes reexpedidos o «emoticonos», tales como las caritas felices. Además, en el estudio se encontró que los directores tardaban más en contestar, tenían las peores ortografía y sintaxis, aspectos que indican que tienen cosas mejores en qué ocupar su tiempo.

Cuestiones para la reflexión

1. La forma de vestir o de manifestarse.¿determina un sistema comunicativo?
2. ¿Cuales crees que son las características comunicativas que relacionan a trabajadores de diferentes niveles profesionales en la empresa?
3. ¿Cómo crees que puede activarse el mecanismo emocional en la comunicación de una empresa que genera pocos contactos presenciales?

1.5. La comunicación en el proceso de enseñanza

Por supuesto que todo lo que llevamos dicho es absolutamente válido para cuando la comunicación se da con el objetivo de que produzca un cambio en el comportamiento de las personas, es decir: cuando tiene un fin claramente de enseñanza. Deberíamos matizar antes las diferencias que se producen cuando lo que simplemente hacemos es una información y cuando lo que estamos haciendo es una enseñanza. En los dos casos se establece un esquema comunicativo, en tanto los signos (codificados o no) interaccionan entre emisor y receptor (ya hemos indicado antes que este proceso se da en plena simultaneidad), iniciando continuas interpretaciones del conjunto de señales recibidas.

Si estudiamos, únicamente, las señales y los signos que emite uno de los dos elementos, suponiendo que las interpretaciones previas dadas entre los dos no ejercen ya un peso muy destacado, diremos que el emisor lanza estímulos que pueden tener, fundamentalmente, dos opciones:

- Llegar al receptor y que éste las decodifique según sus necesidades.
- Que se espere del receptor que modifique su conducta en virtud de los estímulos recibidos.

La matización se da en virtud de que el emisor genera estímulos que no tienen que modificar obligatoriamente la conducta del receptor (de forma duradera) cuando está informando y sí desea que produzcan cambios duraderos cuando está enseñando.

Tengamos presente varias cosas:

- Una **información** puede producir un cambio duradero en un receptor, pero ello no debe darse obligatoriamente. La información se convertirá en algo capaz de inscribirse en mi conducta si el dato que aporta me interesa y, voluntariamente, lo admito como capaz de integrarle en mi conducta.
- Una **información** puede obtenerse de cualquier objeto externo o interno, objeto en una amplia acepción del término, que emita (sean percibidos) datos, capaces de integrarse en mi mundo de conocimientos según me interese o los necesite para un determinado fin. Yo observo, la realidad muestra y, en virtud de mis necesidades, adopto los contenidos a la capacidad interpretadora de mi entorno.
- Cuando se da un proceso de **enseñanza** se está acelerando el proceso informativo, en situación de laboratorio. Es decir: de

una manera más o menos estudiada (técnicas), el emisor aporta datos en cuya forma de transmisión se implica la perduración de los mismos en el receptor, así como la modificación de conducta que en éste deben ejercer. Quien está sometido a un proceso de enseñanza/aprendizaje está emitiendo u obteniendo datos que deben ser integrados en la conducta de los elementos del proceso. Puede que el emisor enseñe al receptor, o bien que entre los dos se dé un sistema de adquisición mutua de conocimientos, o bien que el ser humano aprenda de una realidad, descubriéndola, analizándola y adaptándola a sus necesidades. Lo cierto es que, sea como sea, en el acto de aprender se produce, como dice la propia palabra, una entrada duradera que en la información, el informado no tiene porque asimilar forzosamente el conjunto de datos que se le transmiten.

Antes de enumerar las posibilidades comunicativas que podemos utilizar para lograr una enseñanza eficaz, deberíamos recordar aspectos que ya han sido citados pero que determinan dicha eficacia antes de iniciarse el proceso.

1.5.1. Condiciones para que el proceso de enseñanza sea eficaz

En la situación de enseñanza, los aspectos comunicativos son, lógicamente, muy importantes. Podemos decir que la eficacia del mensaje, su repercusión depende de terminados factores:

1. **Condiciones relativas al profesor**
   a) Debe entenderse claramente que lo dicho anteriormente sobre las señales de la imagen es del todo válido para el tema que ahora tratamos. El profesor debe dar la imagen, y ello quiere decir que debe conscientemente asumir las señales

que emite en todo momento, de credibilidad, de disponer de los datos adecuados, de experiencia en la labor que desea que sus alumnos aprendan. Por suerte o por desgracia, la imagen del profesor será determinante de la eficacia docente.

b) La comunicación oral debe establecerse teniendo siempre presente que la comunicación afectiva es lo que permitirá que el mensaje pase eficazmente de emisor a receptor. Poniendo una imagen muy elemental diríamos que los datos a enseñar (el mensaje) discurren por el interior de un canal que puede ser vidrioso o, por el contrario, ser sumamente flexible. Si deseamos que los signos lleguen correctamente a los interesados, deben adquirir una forma amena, dúctil, atenta; deben usarse tonos que potencien el acercamiento y nieguen posturas de autoritarismo e imposición. Debe adquirir el estilo de un mensaje flexible, adaptado a los alumnos y que en ningún momento se aprecien en él vidrios expresivos que alterarían la operatividad de lo expuesto.

c) En cuanto a la comunicación oral, debemos también decir que el código puede suponer un grave problema de transmisión. Si suponemos que los alumnos deben aprender una nueva técnica es lógico pensar que en ella hallarán signos comunicativos desconocidos. El profesor debe adaptar las palabras a lo conocido por los receptores.

2. Condiciones físicas relativas al espacio en el que se dará la enseñanza

a) En este apartado debe entenderse lo comentado anteriormente referente a la iluminación, nivel de voz, temperatura y confort.

b) Debe analizarse el macro-espacio y el micro-espacio.

3. Condiciones relativas a los alumnos

a) Debe atenderse a la capacidad receptora (expectativas, fatiga psíquica y física, etc.)

b) La actitud del alumno. Probablemente, nos hallamos frente al hecho más importante en el proceso de enseñanza: la actitud que el alumno tiene tanto frente al propio aprendizaje, como frente al tema, como frente al profesor que imparte la enseñanza. La actitud, debemos recordarlo, es la predisposición del alumnado a entrar en el proceso de enseñanza, actitud que puede ser positiva o negativa y, cuantitativamente, tanto más relevante cuantas hayan sido sus experiencias anteriores referentes a situaciones similares.

Desbloquear el aspecto negativo de la actitud, y con él la totalidad del proceso de enseñanza, es un típico ejercicio de comunicación. Una actitud se modificará a través de un complejo proceso de comunicación haciendo que el alumno descubra precisamente los aspectos bloqueantes que le impedían iniciar eficazmente el proceso. Tales bloqueos (suelen ser históricos y, en todo caso producto de pasadas experiencias negativas y frustrantes), deben ser aireados (valga la expresión coloquial), a partir del análisis y discusión entre los elementos del grupo, animados por un profesional externo capaz de evidenciarles los temores que generan la actitud negativa y buscando la participación de los elementos para modificarla.

1.5.2. Aspectos comunicativos en un proceso de cambio de actitudes

En el proceso de enseñanza la modificación de las actitudes es fundamental. Es evidente que la predisposición, positiva o negativa, de los alumnos referente a los componentes del proceso de enseñanza/aprendizaje es fundamental para la repercusión efectiva de lo transmitido y para la modificación de la conducta que se pretende. En los aspectos comunicativos de este proceso podemos destacar:

1. **Aspectos conductuales:**
    a) Mostrar continuamente acercamiento a los elementos del grupo.
    b) Presentarse como un moderador.
    c) No interferir en las ideas de los miembros del grupo.
    d) Posibilitar un clima de confianza (clima relajado y no competitivo).
    e) No ocupar un puesto central en el diseño de mesa o grupo en el que se discuta.
    f) Presentar el tema problema sin que se manifieste la intención de llegar a una conclusión predeterminada.
    g) Favorecer la intervención de todos los elementos del grupo:
        - Potenciar a marginados.
        - Invalidar cortésmente subgrupos.
        - Negar cortésmente el continuo papel de un participante que impide hablar al resto.
    h) Indicar que debe llegarse a unas conclusiones.
    i) Recordar el tema problema si la discusión varía de objetivo.
    j) Indicar que, una vez llegados a una conclusión, ello implica una toma de decisiones y un hacer algo.

2. **Aspectos verbales:**
    a) Hablar inicialmente presentando el tema problema y las causas por las que no puede hacerse una acción formativa si la actitud no varía.
    b) Hablar en tono afectuoso y mirando a los participantes.
    c) Verbalizar que esto no es difícil y que todos deberían participar.
    d) Verbalizar, cada vez que se olvide, la importancia que tiene un cambio de actitud.
    e) No usar términos ni expresiones que supongan convencer.
    f) El convencimiento debe llegar al grupo (si es que llega) por evidencia de la necesidad de cambio.

g) Hablar poco, en tono pausado, potenciado que hablen los elementos del grupo.
h) Reforzar verbalmente el trabajo que está realizando el grupo.
i) Solicitar que los participantes hablen de sus motivos personales que les han llevado a una actitud negativa.
j) Verbalizar las conclusiones y potenciar la toma consciente de decisiones.

Regresando a los aspectos comunicativos, es muy importante señalar en este tema que suele darse una motivación de los alumnos derivada de la brillante expresión verbal del profesor. Esto quiere decir, y es más frecuente de lo que creemos, que el alumno se deja seducir por las manifestaciones oratorias del profesor.

Dicha seducción verbal (valga la expresión) engaña a los alumnos y al propio profesor en la creencia de que lo que está contando interesa mucho. El secreto (si es que lo hay) de una enseñanza eficaz, en lo que hace referencia a los aspectos comunicativos es la mezcla de:

- Transmisión afectiva.
- Implicación de los alumnos.
- Temas por los que el alumnado se interesa.
- Sentirse a gusto en el grupo. Ausencia de tensiones comunicativas.
- Participación.
- Autoformación en todo lo posible. Descubrir.
- Confortabilidad.

Caso práctico 5

¿Cómo dijo? Antón Berni, Formador de tecnología de Cimat, recuerda bien la confusión que causó cuando habló ante algunos de los 25 directores de las unidades de la empresa sobre los gastos de capital en tecnología.

«Mencioné que abriríamos la arquitectura técnica de Cimat a las plataformas inalámbricas», explica Berni. La sala se quedó en silencio. ¿Arquitectura? ¿Plataformas inalámbricas? En lugar de hacer preguntas de clarificación, los directores interpretaron «arquitectura» como «infraestructura», algo completamente distinto en la jerga de la tecnología.

«Pensaron que hablaba de algo caro», dice Berni. Pero con la palabra «arquitectura» se refería a la creación de una estrategia general y un diseño que no requerían grandes gastos en nuevos servidores y software. Su plan, de hecho, era reducir los costos de la red de la compañía. Estos malos entendidos son una de las razones de que el 30 por ciento de los proyectos tecnológicos emprendidos por compañías se cancelen antes de ser terminados, a un costo para la economía de las empresas. La jerga siempre ha sido un problema en las organizaciones, pero la llegada de la tecnología de computadoras y redes ha desatado una oleada de «tecnocháchara» que confunde a quienes no están inmersos en la tecnología. Por ejemplo, ¿qué significan los siguientes términos: línea de suscriptor digital asimétrica, fibra oscura, protocolo de configuración dinámica de residente, portal de información de empresa, ERP, comercio M, sistemas de replataforma, protocolo de acceso a objetos simples o *zettabyte*? La mayoría de los jefes de información y los ejecutivos de tecnología entienden estos términos, pero para los demás pueden ser abrumadores. ¿Cómo puede decidir un director si invierte en una «plataforma de alternación de rutas que tiene un interruptor central ATM accionado por MPLS» si no entiende las palabras?

Cuestiones para la reflexión

1. ¿Crees que es necesario definir los nuevos conceptos técnicos incluidos en un proceso de información?
2. ¿Cuáles crees que pueden ser los problemas originados por una incomprensión semántica de determinados términos del mensaje?

Para determinar la forma que adquiere la comunicación hablada en cada tipo de objetivo, seguiremos la clásica plantilla de Flanders, según la cual todo lo que ocurre en el aula, en relación a los aspectos comunicativos, puede ser enmarcado en uno de las siguientes categorías:

1. **Conducta verbal del profesor:**
   a) Aceptación emotiva.
   b) Alabanza o estímulo.
   c) Aceptación de ideas.
   d) Preguntas.
   e) Explicación/exposición del tema.
   f) Mandatos.

2. **Conducta verbal del alumno:**
   g) Dar respuestas.
   h) Hablar espontáneamente (iniciar el discurso).
   3) Conductas no incluidas en las categorías anteriores.
   i) Silencio o confusión en el aula.

1.6. Temporalización de la acción formativa en las relaciones de comunicación

El proceso de enseñanza/aprendizaje debe seguir determinadas pautas para que el final sea el deseado. Pautas temporales, de sucesión, sin que el esquema formativo se rompa y genere situaciones improvisadas que alterarán el logro de los objetivos. Estas pautas están, lógicamente, muy relacionadas con el proceso comunicativo, de relación, que establece el profesor con sus alumnos y la relación también que establecen entre ellos en el seno del grupo. Podemos decir que las fases sucesivas serían:

Etapa A

1. Detección de necesidades y posibles problemas de los alumnos.
2. Un mes antes del inicio del curso.
3. Operaciones:
   - Entrevistas individuales y en pequeño grupo.
   - Detección de posibles problemas por parte de los alumnos para adquirir nuevos conocimientos.
   - Análisis de actitudes y aptitudes.
4. Manifestaciones verbales:
   - Hablar con los alumnos.
   - Preguntar.
   - Pedir opiniones.
   - Dejar que manifiesten temores o dudas.

Etapa B

1. Modificación de las actitudes negativas existentes en el grupo.
2. Una semana antes del inicio del curso.
3. Operaciones:
   - Reunión del grupo (2 horas mínimo).
   - Discusión.

- Toma de conciencia sobre los problemas que el curso planteará.
- Adquisición de actitudes positivas frente al curso.
- Adquisición de actitudes positivas frente a los profesores.

4. Manifestaciones verbales:
   - Animación del grupo.
   - Solicita que hablen todos.
   - Permitir que expongan temores y problemas en grupo.
   - Explicar el papel de los profesores y quienes serán.
   - Presentar los temas del curso y explicar su idoneidad, permitiendo ideas de los alumnos y modificaciones del programa según sus necesidades.

Etapa C

1. Realización del Curso.
2. Duración del mismo:
   - No inferior a 25 horas (Depende, pos supuesto, del tema y de las necesidades. No obstante no suelen ser operativas opciones muy breves que no permitan asimilar correctamente los conceptos).
3. Operaciones:
   - Impartición del curso por los profesores.
   - Adecuación a los objetivos (permitir intervenciones).
4. Manifestaciones verbales:
   - Potenciación de los aspectos afectivos.
   - Participación de los alumnos.
   - Claridad expositiva (ayudas audiovisuales y escritos).
   - Presentación de resumenes claros y concisos.
   - Posibilidad de aplicación práctica *in situ*. Detección de problemas de seguridad. Comentarios en el grupo.

Etapa D

1. Acciones de refuerzo a lo largo del tiempo.
2. Duración del mismo:

- Sesión de 2 horas al mes de realizado el curso.
- Sesión de 2 horas a los seis meses.
- Acción de refuerzo (5 horas) al año de haber realizado el curso.

3. Operaciones:
   - En las sesiones anteriores al año, deberán plantearse los problemas surgidos en la relación práctica.
   - Animación del grupo para que la acción formativa no se olvide.
   - Deberá quedar claro que los alumnos no están solos y que los profesores tutelan su trabajo.
   - En la acción de refuerzo realizada al año del curso, deberá hacerse un repaso.
   - Reforzar la actuación de los alumnos. Aceptar sus ideas y propuestas.
   - Deberá detectarse la necesidad de un curso de ampliación o de continuidad en temas poco operativos, con la participación de los alumnos en el diseño de la futura acción formativa.
4. Manifestaciones verbales:
   - Aceptación de ideas.
   - Discusión en grupo de soluciones halladas por los alumnos.
   - Animación para la continuidad.
   - Reforzar, alabar, potenciar propuestas individuales de los alumnos.
   - Informar al grupo de las realizaciones concretas.

2. La comunicación no verbal

El acto de hablar supone articular una serie de sonidos habiéndonos, previamente, puesto de acuerdo en qué quiere decir cada uno de los determinados sonidos que componemos. Estos sonidos tienen también una representación gráfica, un dibujo, y (previamente el habernos puesto también de acuerdo), cada uno de los dibujos corresponde a un conjunto de sonidos articulados y ellos, a su vez, a un contenido concreto de nuestra realidad. Quiere decir que hablamos cuando nos intercambiamos sonidos-contenidos y, por extensión, cuando nos transmitimos dibujos-sonidoscontenidos. Generalmente, a esta segunda opción la denominamos escribirnos, dejando para el término hablar cuando la transmisión se produce fonéticamente.

La realidad es que, a través de sonidos o de gráficos, los seres humanos hablamos, nos transmitimos una serie de ideas, conceptos, sugerencias, indicaciones, etc. que pretenden ser retazos de la realidad que nos rodea o de la interpretación que hacemos de ella.

En todo caso, lo que nos importa ahora es que, sean sonidos o sean gráficos, estos elementos de comunicación humana, denominados palabras son manifestaciones que nada tienen que ver con la realidad que transmiten.

En este sentido, se denominarían señales (signos digitales), cuya relación con la realidad es absolutamente declarada por la intencionalidad de los hablantes, es una identificación contingente, voluntaria. Es una relación arbitraria. Nada relaciona la palabra casa con la realidad que transmite, ni fonética ni gráficamente.

Lo que une dichos signos (o señales, que, de momento, poco clara está la denominación), es la pertenencia a un mismo código. El conjunto de palabras que tienen significaciones concretas en un determinado grupo social, forma lo que denominamos código de la lengua, pertenecen, por llamarlo así, al código de la lengua española, francesa, catalana, etc.

2.1. Características de la comunicación no verbal

Las características de la comunicación no verbal, vienen representadas según Roger Neighbour, entre otros, por la sistematización de las señales mínimas (no es exactamente los «kinemas», éstos serían aún más pequeños, para entendernos. Los kinemas serían las letras de las señales, de los gestos), que emite el cuerpo humano en situación comunicativa, diferenciando el sentido predominante de emisión y recepción (la Programación Neurolingüística sería la escuela que mayor interés ha tenido en dicha matización). Si tomáramos la clasificación de Neighbour para hallar dichas señales mínimas, podríamos hacer la siguiente clasificación:

1. **Aspectos visuales:**
   - Expresión facial.
   - Mirada.
   - Contacto ocular.
   - Señales de acceso de los movimientos oculares.

2. **Aspectos auditivos:**
   - Ritmo.
   - Tono.
   - Volumen.
   - Cadencia.
   - Modulación.

3. **Aspectos kinestésicos:**
   - Postura.
   - Distancia.
   - Contacto.
   - Gestos.
   - Movilidad.
   - Tono muscular.
   - Respiración.

Si pudiéramos marcar unas ciertas pautas de observación (señalando que únicamente se trata de unas pautas), y utilizáramos los elementos señalados anteriormente, diríamos:

1. La expresión facial

En la expresión facial son los ojos los determinantes de cualquier acción comunicativa no verbal. No olvidemos que los ojos son la llave de la comunicación interpersonal. Tan positivo resulta mirar los ojos del otro comunicante, como mirarlos intensamente en determinadas situaciones. En principio, debemos decir que la norma general es hablar mirando los ojos de la otra persona, pero dicho mirar (el contacto ocular) está relacionado con dos cosas: en primer lugar con la situación y en segundo, con la distancia entre las personas (proxemia).

En la situación de habla, lo normal es establecer un contacto ocular más o menos constante con el otro. Ello, fundamentalmente, potencia la sensación por parte de dicho otro de que estamos atendiendo los que dice. Es mucho más importante mirar cuando escuchamos que cuando hablamos. Cuando escuchamos, aspecto éste tan difícil, debemos establecer el mayor número posible de contactos con el emisor, sólo así éste será consciente de que el mensaje está llegando y está interesando. Ello no niega en absoluto la importancia de mirar también cuando se habla. No obstante, la norma puede convertirse en obsesiva si no existen momentos de descanso, por llamarlos así. Recordemos que una insistencia gratuita puede hacer que el receptor se halle excesivamente presionado por nuestra presencia. La mirada, el contacto ocular, es una señal fuerte, tal vez la más fuerte, de ahí la prudencia en su utilización.

El otro aspecto del que depende dicha señal es la distancia entre los comunicantes. Tradicionalmente, la proxemia nos dice que cuando los comunicantes se hallan entre 3 y 8 metros de distancia nos hallamos en la distancia pública, cuando se hallan entre 1,2 metros y 2 metros en la distancia social, y entre 0,5 y 0,75 metros en la distancia personal. Dichas distancias suelen ser más o menos así en las culturas a las que pertenecemos en el mundo occidental y no tienen porque ser las mismas en otras latitudes.

Lo importante, refiriéndonos a la mirada, aunque, por supuesto, dichas distancias deben ser también consideradas para la postura general del cuerpo, es que no podemos romper la norma social que nos impide mirar en distancias accidentalmente irregulares. Tal sería el caso de mirar fijamente a los ojos a un pasajero del metro que tenemos materialmente pegado a nosotros en un trayecto de hora punta, o en un ascensor. Se trata de, deliberadamente, aceptar que la situación de cercanía es una circunstancia accidental y que no reúne las características normales de tal contacto. La mirada sería, en esos casos, impertinente.

En las situaciones de distancia pública y distancia social, la actuación debería ser la indicada anteriormente. Recordemos que la distancia social es la que mantiene un médico con un paciente, en la consulta, no en una exploración, y que la distancia pública es la normal de una situación de enseñanza.

Finalmente, en lo que hace referencia al rostro y, específicamente, a los ojos, debemos citar lo que hemos denominado movimientos oculares que darán lugar a las señales de acceso.

2. Lo que oímos

Si hacemos referencia al sonido de las palabras, podremos notar que una misma expresión fonética puede decirse de muchas maneras. Es evidente que nos estamos refiriendo a la forma de decirse de los mensajes, pero podríamos hablar también, y estaríamos hablando propiamente de señales, de los ruidos que emite nuestro cuerpo tanto mientras hablamos como no. Estos ruidos, tan universalizables como los gestos, las miradas y la expresión facial, no tienen que estar forzosamente unidos a la emisión de signos lingüísticos o signos decodificables, pueden darse al margen de ellos.

Dan información social, siempre a través de la interpretación cultural de los mismos, en este campo, la interpretación cultural es muy importante, no olvidemos las diversas interpretaciones que tienen determinados ruidos relacionados con el comer y su aceptación positiva o negativa. El cuerpo emite también sonidos clínicos, el corazón va más rápido o menos rápido informando, en situación no patológica, del estado de ánimo, por ejemplo, del emisor. Existen también en este aspecto, sonidos claramente interpretados de diferente manera según la cultura a la que se pertenece.

Aquí, no obstante, nos referiremos al sonido de las palabras, a la forma de dicción de las mismas; en primer lugar porque son una fuente de información muy importante y, en segundo lugar, porque dichas señales son fácilmente observables.

Cuando hablamos de la voz de las palabras, estamos hablando, por seguir la clasificación hecha anteriormente, del ritmo, el tono, el volumen, la cadencia y la modulación.

Hablar rápida o lentamente es una señal que aporta mucha información sobre el emisor. Se asocia el ritmo rápido, la respiración superficial y también rápida, el hablar a trompicones, con los emisores predominantemente visuales, aquellos, como antes decíamos, que usan la vista como el canal predominante de la transmisión de mensajes no verbales. Necesitan ver las cosas para creerlas, para aceptarlas, para entrar en ellas. Su ritmo al hablar es rápido, seco, a golpes. Las palabras aluden a una realidad que es necesario ver para constatarla.

Los ritmos medios, acompañados de una respiración más profunda, suelen corresponder a personas predominantemente auditivas, en ellas sí es importante lo que están oyendo, la forma de las palabras. Los ritmos lentos, con grandes pausas, con respiraciones profundas y amplias, corresponderían a personas predominantemente kinestésicas, personas que requieren el contacto de los demás, que atienden más sentimientos, a relacionarse afectivamente. El ritmo se une a la cadencia. ¿Se emiten los sonidos, las palabras, de manera regular? Y esta cadencia se suma a la modulación.

3. Las posturas del cuerpo

La disposición que el cuerpo adquiere en el espacio es fundamental como aporte de información. Cuando hablamos de señales kinestésicas, no estamos, no obstante, hablando únicamente de posturas, estamos hablando del conjunto de señales que emisor y receptor (uno del otro) perciben y le obligan a sentir de determinada manera.

En este sentido, olores, vestimenta, modas, complementos, distribución del espacio físico en el que se comunica, adornos, útiles materiales en los que se apoya la comunicación y, por supuesto, las posturas, que incorporan los grandes gestos del cuerpo, suponen los indicadores que transmitimos a los demás y que darían lugar a la denominada interpretación kinestésica.

Para sistematizar una tan amplia gama de señales, podríamos hablar, fundamentalmente de: proximidad entre los comunicantes, postura general del cuerpo, señales de las extremidades, manos, contactos físicos entre emisor y receptor y movilidad general.

La postura general, relajación-tensión, suele percibirse cuando la persona está sentada. Es en este momento en el que con mayor facilidad puede percatarse dicha señal. Es interesante observar el acercamiento corporal de uno de los hablantes, con el cuerpo inclinado hacia delante, mirando al otro y con las extremidades y manos en reposo.

Se trata de una situación de atención importante para indicar la capacidad receptora. Es lo que denominamos postura de escucha activa, dicha postura, que supone, por otra parte, la recepción de los signos y su correcta decodificación, ofrece al interlocutor los aspectos afectivos que determinarán el acercamiento personal. La posición de atención, que mantiene el cuerpo quieto, se aprecia, como decimos, cuando el individuo está sentado. Si la postura de quietud se produce estando de pie, suele interpretarse como indicativo de cierta autoridad. El cuerpo se ofrece para ser visto en estado de rigidez.

Sentado, el cuerpo puede adoptar un aire de flacidez, dicha situación corporal se ofrece en situaciones de confianza o de menosprecio al receptor. No es una posición que denote interés hacia el mensaje que se recibe.

En lo que hace referencia a las extremidades, podemos hablar de cuatro posiciones generales de los brazos y cuatro de las piernas. Básicamente, los brazos pueden cruzarse (solemos interpretarlo como gesto de defensa y protección), en reposo a lo largo del cuerpo (cierta comodidad, reposo, tranquilidad), agarrando las manos por detrás de la espalda (comodidad, seguridad, autoridad) y cruzarlos por detrás de la cabeza (seguridad, arrogancia, satisfacción).

En cuanto a las piernas, cruzarlas en las rodillas (cierta señal de defensa), abrirlas (arrogancia, confianza, comodidad), cruzarlas con el tobillo de una sobre la rodilla de la otra (arrogancia, superioridad, seguridad) y moverlas continuamente (inseguridad, nerviosismo).

Notemos que cada una de estas posiciones tiene importancia, en el estudio de la comunicación humana, siempre que se adoptan frente al interlocutor.

Es muy importante, para poder hablar de cierta universalización interpretativa, que hemos considerado fundamental desde el inicio, no alejarnos del contexto cultural en el que tal postura se da y, más importante aún, considerar que tal postura es natural en la situación que analizamos (la naturalidad hace referencia al deseo, generalmente inconsciente, de establecer un tipo de relación concreta con el interlocutor). Con ello queremos decir que las apreciaciones interpretativas que estamos manifestando sólo pueden ser válidas como elementos de relación. El significado debe estar relacionado con el contexto, con la particular situación comunicativa de los interlocutores.

Finalmente, las manos representan un aspecto muy importante en la emisión de señales puede asociarse este aspecto al de la movilidad general del cuerpo, dado que son las manos los elementos que más suelen moverse en un proceso de interacción personal. En general, mostrar las manos es una señal de apertura hacia el otro y esconderlas una señal de cerrazón, introspección, deseo de no mostrar, de no querer que el interlocutor conozca las verdaderas intenciones del emisor.

3. Recursos para la comunicación no verbal

Pretendemos a continuación concretar mucho más, especialmente en lo que hace referencia a la relación comunicativa no verbal que establecemos las personas. Para ello quisiéramos dar ciertas recomendaciones que, como todas las recomendaciones pueden ser útiles o no dependiendo de la situación y el contexto.

La comunicación interpersonal es la relación que establecemos las personas en cada momento, lugar y ocasión y, por suerte tal vez, dicha relación suele establecerse en condiciones relativamente únicas, en condiciones especiales para cada situación, moviéndose entre variables muy sutiles que hacen difícil determinar un modelo de actuación más o menos universal.

La interpretación de la comunicación no verbal se matiza con el tiempo y con la experiencia, con el contacto, el cual nos permite interpretar a través de pautas o parámetros con mucha mayor información al interlocutor y realizar una valoración más pertinente del mensaje que está emitiendo. Incluso podemos modificar interpretaciones inicialmente agresivas.

Lo cierto es que, si bien como decimos, la relación inicial entre los interlocutores puede ser modificada, si bien las señales emitidas en el encuentro inicial y determinantes de la relación establecida pueden modificar sus interpretaciones con el paso del tiempo y del conocimiento, lo real es que la situación inicial es importante. Y mucho más importante resulta si la normalidad profesional está basada en pequeños y puntuales encuentros con difícil repetición a lo largo del tiempo, dado que este tiempo y la permanencia de la relación suelen no existir, como es el caso frecuente de los profesionales de la sanidad.

Las características principales, inicialmente en un encuentro presencial entre los interlocutores es a partir del éxito o el fracaso de las repercusiones de los mensajes emitidos. Por ello es importante preguntarse:

- ¿Qué aspecto tengo?
- ¿Cómo hablo?
- ¿Qué digo?
- ¿Cómo escucho?

Parece ser que los interlocutores se centran en lo que ven –Programación Neurolingüística (PNL)– y, además, en un cierto orden. En este ver inicial de los interlocutores y en el orden de visualización, parece ser que se establece el siguiente orden, según diferentes autores:

1. El sexo.
2. La edad.
3. La apariencia.
4. Las expresiones faciales.
5. El contacto ocular.
6. El movimiento.
7. El espacio personal.
8. El tacto.

3.1. Las fases del proceso comunicativo

La capacidad de recepción de un interlocutor varía a lo largo del encuentro. Podemos definir cinco grandes momentos que se producen en toda situación presencial y que requerirían aspectos tanto verbales como no verbales específicos y adecuados si deseamos que nuestro mensaje repercuta.

1. Expectativa

Esta fase supone el momento inicial que no suele superar los tres minutos. Corresponde a este momento la mayor capacidad de observación. Corresponde a dicha observación investigar por qué canal nos está leyendo el otro. Es el momento en el cual el interlocutor está más pendiente de qué aspecto tenemos, de qué cara ponemos, que de lo que podamos comunicarles. Por lo tanto en este momento es importante insistir en los aspectos de recepción. Debemos indicar que estamos pendientes del otro. Mirada (cuidado con la insistencia en la mirada porque puede provocar sensación de acoso), manos visibles, pocos gestos duros (pocas mandíbulas y bocas apretadas), acercamiento, sensación de seguridad, comprensión, dedicación (no hacer otra cosa mientras iniciamos la conversación), pocos objetos interpuestos, espacios ergonómicos que den sensación de confortabilidad. Ello supone dar confianza al otro. La insistencia comunicativa en estos momentos debe tener por objetivo romper el hielo y hacer que el otro confíe en nosotros, que no aparezcamos ante sus ojos como una persona a conquistar, sino como un amigo dialogante. Utilizaremos las palabras en tonos bajos, suaves, palabras facilitadoras del contacto, animadoras del deseo comunicativo. No interrumpiremos el discurso, no nos impacientaremos ante la posible lentitud del emisor, que puede ser provocada por la timidez, el miedo o la desconfianza. Debemos vigilar las palabras cortantes que puedan ser mal interpretadas o que pueden ser señal de impaciencia. Atención a los mismos gestos de impaciencia (ruidos con lápices, miradas nerviosas, movimiento de papeles, agendas, etc.).

2. Ascenso

Si la conversación se ha iniciado correctamente, notaremos como el interlocutor se relaja. Se inician los momentos de sonrisas, de participación, de confianza. El proceso comunicativo asciende. En esos momentos se empezará a emitir el mensaje propiamente dicho. Se inicia a través de unos prolegómenos que tiene generalmente poco que ver con el mensaje de fondo. Se está preparando el momento siguiente en el que el mensaje lingüístico adquirirá todo su valor. Demos en esos momentos sensación de seguridad, empezamos a hablar. Cite aspectos de los que ha hablado el inicial emisor (dará confirmación a éste de que le ha estado escuchando). Utilice, discretamente, su nombre en la modalidad que haya detectado como más personal y amigable. Empiece a preguntar. Se inicia el interrogatorio. Haga preguntas cortas, sutiles, inicialmente no directas, intente que el interlocutor hable a partir de pequeños estímulos lanzados por usted. Escuche, no hable precipitadamente como si ya lo supiera todo. No hable ex cátedra, puede tener más conocimientos pero no empiece a hablar inmediatamente en tono profesoral. No formule mensajes pedagógicos. En esta fase está usted ascendiendo en el proceso comunicativo. La palabra aún la tiene el interlocutor. Pregunte, insista (discretamente) en alguna pregunta en la que note que el interlocutor se está respondiendo a sí mismo. Estas autorespuestas son muy importantes porque le señalarán exactamente como está enfocando el otro el problema, cuales son sus verdaderas necesidades e intereses. Establezca aquí la comunicación dialogante. No caiga en el error de contestarse usted mismo las preguntas que formula al otro, dando sensación de que lo entiende todo y a la primera. No manifieste que no es necesario escuchar porque el problema planteado es tan natural que ya no es necesario hablar más. Cada persona tiene su problema aunque pueda hacerse extensivo a la colectividad entera y aunque usted lo halle en el 90% de los elementos del grupo. No caiga en el otro mayúsculo error del sistema interrogativo: preparar la siguiente pregunta antes de haber escuchado la respuesta a la primera.

3. Cumbre

Hemos llegado al momento clave. La comunicación ha ido ascendiendo correctamente, amigablemente, y hemos descubierto el problema, su percepción por el otro y los mecanismos comunicativos adecuados. Ahora tenemos que hablar. Emita el mensaje en un tono algo superior al utilizado en la anterior fase. Hable lento y seguro. La voz clara, potente, segura será en este momento su mejor aliada. Emita frases cortas, bien estructuradas gramaticalmente, con palabras que pertenezcan al código del receptor, no quiera hacerse el importante comunicativo. Emita el mensaje varias veces en tonos o gestos diferentes. Es la insistencia comunicativa. Cuidado de no repetirlo tantas veces que acabe por hacerse pesado. La estrategia está en insistir sin que el otro se dé cuenta de que está insistiendo. Pregunte y consiga que le repitan las instrucciones fundamentales. Mire a los ojos del receptor. Intente que el nivel de comprensión del mensaje sea muy alto. Si duda de la comprensión, repita el mensaje. En este punto, que hemos denominado cumbre, está el momento de mayor capacidad receptiva del interlocutor. Pero este momento es muy breve. La energía gastada en la exigible concentración, ha fatigado al interlocutor, de ahí que en no más de tres minutos debe ser capaz de emitir los mensajes clave, de la manera más oportuna y constatar la recepción de los mismos. Si la fase de expectativa está formada por los cuatro famosos minutos, la fase de cumbre es aún menor. Dispone de muy poco tiempo hasta que el proceso comunicativo inicie la fase de descenso.

4. Descenso

Como podemos ir apreciando, el proceso comunicativo entre las personas se asemeja a otros actos de relación. No es de extrañar por ello que algún sutil autor haya identificado esta necesidad de relación comunicativa con un verdadero acto de amor, en el cual la entrega y el placer dialogante para llegar a un objetivo común se convierten en el mecanismo más operativo para entendernos. Este momento comunicativo que hemos denominado descenso, debería potenciar los niveles de recuerdo del interlocutor y, sobre todo, la modificación de las actitudes. Por decirlo de otra manera: después de emitido el mensaje y de transmitido el significado que nos importa, viene el camino del convencimiento, de la persuasión para que aquello no sea olvidado y para que el otro tenga intención de llevarlo a la práctica. Por ello el juego comunicativo del descenso es el compromiso de los comunicantes en desear el cumplimento del mensaje. Se ponen ejemplos, se matiza la facilidad de llevar a la práctica lo dicho, se evitan las dificultades, se muestra el grado de satisfacción que puede tener el cumplimiento del mensaje, lo válido que será para el elemento del grupo no olvidar las instrucciones, etc. La relación dialogante se convierte en más amistosa. Existe más confianza. Ya nos conocemos. Es el momento de la despedida.

5. Breve remonte final

Es el momento de la instrucción final. El mensaje fundamental de la conversación debe ser transmitido como recuerdo del compromiso adquirido. Darse la mano de despedida es sellar el pacto, asegurar la repercusión del mensaje transmitido momentos antes y potenciar el deseo, la predisposición (actitud) del interlocutor. Este instante es importantísimo porque será la imagen que el elemento del grupo guarde en los primeros momentos del estar solo. Saldrá satisfecho del encuentro, sus necesidades han sido cubiertas, ve claramente el camino a seguir. Recordemos que después de un encuentro se hace inmediatamente una valoración del mismo. En esta valoración tiene un peso esencial el clima afectivo que hemos sido capaces de mantener. Y de esta valoración depende la repercusión de lo hablado.

Caso práctico 6 - La caída de un Casanova

Giovanni Vigliotto era un auténtico don Juan y su encanto le llevaba de una conquista romántica a otra. Pero lo cierto es que no se trataba de conquistas sucesivas porque, en realidad, Vigliotto estaba casado simultáneamente con varias mujeres.

Nadie sabe con seguridad cuántas veces se casó a lo largo de su carrera porque lo suyo parecía ciertamente una carrera romántica, pero bien pudo haberlo hecho unas cien veces ya que Vigliotto se ganaba la vida casándose con mujeres ricas. Pero todo concluyó cuando Patricia Gardner, una de sus conquistas, le demandó por bigamia.

El juicio puso de relieve lo que llevó a tantas mujeres a enamorarse de él. Gardner admitió que una de las cosas que más le atrajo de aquel encantador bígamo fue lo que ella denominó el «rasgo sincero» de mirarla directamente a los ojos y sonriendo aunque lo cierto era que mentía más que un sacamuelas.

Cuestiones para la reflexión

1. ¿Qué papel atribuirías a la presencia física en un proceso de comunicación?
2. ¿Crees que puede engañarse «indefinidamente» al receptor a través de aspectos corporales?
3. ¿La comunicación no verbal es más importante que la verbal?

Bibliografía

El Observatorio de Comunicación Interna premia las mejores prácticas de las empresas españolas / Capital Humano. En: *Capital Hum*, 232 62-64, 66-68, 2009.

La comunicación interna incrementa su importancia estratégica con el apoyo de la tecnología / Observatorio de Comunicación Interna e Identidad Corporativa. –En: *Capital Hum*, 242 54-58, 2010.

Abrisketa, J. Apellániz, A. Utilización de sistemas de comunicación interna informatizada, intranet como medio y apoyo de información y formación en prevención de riesgos: Proceedings of the fourth International Conference on Occupational Risk Prevention. ORP 2006 / Julen Abrisketa, Alfonso Apellániz. –En: *Bol Not@s PI*, VIII2 1-6, 2007.

Bausch-Lambert, y. et al. Le médecin du travail au carrefour de la communication / Y. Bausch-Lambert...[et al.]. –En: *Méd Trav Ergonomie*, 384 187-191, 2001.

Bust, P. D. Managing construction health and safety: migrant workers and communicating safety messages / Philip D. Bust...[et al.]. –En: *Safety Sci*, 464 585602, 2008.

Carson, P. A.. Mumford, C. J. Communication failure and loss / P. A. Carson, C. J. Mumford. –En: *Loss Prev Bull*, n. 218 pp. 5-14, 2011.

García-Cardó Blasco, A. El clima laboral tiene un papel relevante en la prevención de riesgos laborales / A. García-Cardó. –En: *Win empresa*, 23 39-43, 2000.

Greene, M. V. Safety in any language / Marvin V. Greene. –En: *Safety Health*, 1764 4851, 2007.

Guerrero Rubio, P. Agencia virtual de comunicación en prevención de riesgos laborales / Pedro Guerrero Rubio. –En: *Prev Salud Laboral*, n. 9 pp. 8-9, 2012.

Karsenty, L. Confiance interpersonnelle et communications de travail. Le cas de la relève de poste / L. Karsenty.–En: *Trav Hum*, v. 74 n. 2 pp. 131-155, 2011.

Loi, R. et al. The interaction between leader-member exchange and perceived job security in predicting employee altruism and work performance / Raymond Loi...[et al.]. –En: *J Occup Organiz Psychol*, v. 84 n. 4 pp. 669-685, 2011.

Lorca Soto, A.. Gómez Monpeán, M. A. La comunicación en PRL mediante cómic, instrumento de aprendizaje para el desarrollo de la ergonomía cognitiva / Alicia Lorca Soto, Miguel Ángel Mompeán. –En: *Gestión Práctica Riesgos Laborales*, 23 38-45, 2006.

Pablo Hernández, C. de. La importancia de la comunicación para evitar riesgos psicosociales / Carmela de Pablo Hernández. –En: *Form Seg Laboral*, 109 1-4, 2010.

Monografías

Agencia europea para la seguridad y la salud en el trabajo.

Cómo transmitir información de SST con eficacia: el caso de las sustancias peligrosas: resumen de un informe de la Agencia / Agencia Europea para la Seguridad y la Salud en el Trabajo.

— Bilbao: Agencia Europea para la Seguridad y la Salud en el Trabajo, 2003.

Instituto nacional de seguridad e higiene en el trabajo (España).

Evaluación detallada del riesgo de interferencias en la comunicación verbal: método SIL / Instituto Nacional de Seguridad e Higiene en el Trabajo. –[S.l.]: INSHT, [2004]: 3 p.

Borrell, F. Comunicar bien para dirigir mejor: La comunicación como forma de ilusionar / Francesc Borrell. –2a ed. –Barcelona: Gestión 2000.

Cudicio, C. PNL et communication: la dimension créative / Catherine Cudicio. –Paris : Les Editions d'Organisation, 1991.

Gervais, R. L. Health and safety laboratory (gran bretaña). An evaluation of successful communication with small and medium sized entreprises (SMEs) / Roxane L. Gervais. –Buxton: Health and Safety Laboratory, 2006.

Sebastian, C. La comunicación emocional / Carmen Sebastián. –Madrid: Prentice Hall, 2000.

Taylor, J. La comunicación en el trabajo / Judith Taylor. –Barcelona: Editorial Gedisa, 2002.

Verderber, R. F.. Verderber, K. S. ¡Comunícate! / Rudolph F. Verderber, Kathleen S. Verderber. –12ª ed. México: Cengage Learning, 2009.

Notas Técnicas de Prevención:

NTP 794: Evaluación de la comunicación verbal: método SIL.

NTP 662: La experiencia y la imagen en el proceso de la comunicación en P.R.L.

NTP 845: Prosodia: modificación de la conducta a partir de las bases emocionales orales de la comunicación.

NTP 685: La comunicación en las organizaciones.

NTP 561: Sistema de gestión preventiva: procedimiento de comunicación de riesgos y pro puestas de mejora.

NTP 505: Cambio de conducta y comunicación (II): metodología de actuación.

NTP 504: Cambio de conducta y comunicación (I): introducción y elementos fundamentales del proceso.

NTP 312: Comunicación interpersonal: el efecto Palo Alto.

NTP 272: La comunicación escrita en la empresa.

NTP 168: Comunicación en una situación docente: problemas básicos.

NTP 101: Comunicación de riesgos en la empresa.

NTP 655: La imagen como elemento motivador para la prevención de riesgos laborales.

NTP 846: La percepción fonética neutra en los alumnos de Prevención de Riesgos Laborales (PRL).

NTP 665: La persuasión como técnica comunicativa en prevención de riesgos laborales (I).
NTP 885: Situaciones comunicativas emocionalmente desagradables: respuesta verbal y no verbal.

Enlaces recomendados

http://www.ecured.cu/index.php/Comunicaci%C3%B3n_verbal
http://www.psicologia-online.com/monografias/5/comunicacion_eficaz.shtml http://roble.pntic.mec.es/msanto1/lengua/1venover.htm
http://campusyempresa.com/2012/10-consejos-para-manejar-nuestra-comunicacion-no-verbal-en-publico/
http://todofp.es/todofp/orientacion-profesional/entrevista-trabajo/comunicacion-no-verbal.html
http://www.ehowenespanol.com/ejemplos-comunicacion-verbal-manera_108607/
http://www.clublenguajenoverbal.com/?tag=comunicacion-no-verbal
http://www.nwlink.com/~donclark/leader/leadcom.html
http://www.kent.ac.uk/careers/sk/communicating.htm
http://questionsdecommunication.revues.org/
http://www.passcreamode.com/Creer-sa-marque/Savoir-communiquer/Les-canaux-de-communication
http://www.aepnl.com/index.php?id_apartado=8 http://blog.pnlbarcelona.com/
http://www.estrategiaspnl.com/
http://healingcreativity.com/tag/pnl/ http://www.pnltools.com/
http://www.institut-repere.com/Formations/institut-repere-une-definition-de-la-pnl-programmation-neurolinguistique-sources-et-finalites-de-la-pnl.html
http://pnl-info.typepad.com/pnlweblog/2012/07/les-croyances-de-la-pnl-sur-le-mensonge-sont-fausses-.html

Capítulo III

La negociación en prevención de riesgos laborales

Jaume Llacuna Morera, Xavier Baraza Sánchez y Juan Francisco de la Fuente

«No podemos negociar con aquéllos que dicen: lo que es mío es mío y lo que es tuyo es negociable».

(John F. Kennedy)

En este capítulo vamos a tratar los mecanismos que permiten que los diversos elementos del grupo unifiquen sus criterios y eviten, con ellos la conflictividad.

Es evidente que en tema de Prevención de riesgos laborales cualquier tipo de confrontación entre los elementos del grupo posibilita el aumento de la siniestralidad, no únicamente el aumento de accidentes sino, y especialmente, el aumento de la problemática de origen psicosocial, que en estos momentos en los países industrializados suele ser la principal causa de patología laboral.

1. El conflicto en las organizaciones

«El conflicto es el padre de todas las cosas, el rey de todas las cosas. A unos ha hecho dioses y a otros hombres; a unos ha hecho esclavos y a otros ha hecho libres».

(Heráclito)

1.1. Introducción

En este apartado analizaremos los conceptos básicos del conflicto y de éste en el marco de las organizaciones.

1.1.1. Qué entendemos por conflicto

Existe una larga tradición del estudio del conflicto desde distintas teorías (biológica, psicosociológica, estructuralista) que han aportado visiones interesantes al concepto de conflicto y que han supuesto una multiplicidad de enfoques y escuelas de pensamiento en el camino hacia una teoría general del conflicto. Algunos de sus autores más relevantes han definido el conflicto en los siguientes términos:

- **Real Academia Española**: «El conflicto es la lucha, enfrentamiento, oposición entre personas o cosas».
- **Morton Deutsch**: «Un conflicto existe siempre que tienen lugar actividades incompatibles». Más tarde añade que «el conflicto surge a partir de la incompatibilidad de las actividades».
- **Fisas**: «Conflicto es la oposición entre grupos e individuos por la posesión de bienes escasos o la realización de valores mutuamente incompatibles».
- **Donoso**: «Los conflictos son situaciones en que dos o más personas entran en oposición o desacuerdo de intereses y/o posiciones incompatibles donde las emociones y sentimientos juegan un rol importante y la relación entre las partes puede terminar robustecida o deteriorada, según la oportunidad y procedimiento que se haya decidido para abordarlo».
- **Redorta**: «El conflicto es el proceso cognitivo-emocional en el que dos individuos perciben metas incompatibles dentro de su relación de interdependencia y el deseo de resolver sus diferencias de poder».

1.1.2. El conflicto en el contexto actual de las organizaciones

El conflicto forma parte de nuestra vida, en todos los ámbitos: laboral, familiar y social. Consecuentemente, el conflicto es también consustancial en la dinámica de las organizaciones.

Vivimos, por otro lado, en una época de incertidumbres. Este contexto no viene sólo determinado por una coyuntura desfavorable, sino que enlaza con el hecho de que estamos instalados en una transformación estructural, a nivel económico, social y tecnológico. Uno de los principales escenarios de este cambio en el mundo son las organizaciones empresariales, por lo que afecta de manera directa al trabajo y a las lógicas que lo regulan. Cambia, en consecuencia, la forma de relacionarnos con y en el trabajo y, por lo tanto, evoluciona la tipología y el tratamiento de los conflictos en el entorno laboral.

Otro aspecto que configura el panorama actual es que la organización se entiende actualmente, como un sistema que interactúa con su entorno ambiental y social. Esto amplia el radio de acción: la organización no es un sistema cerrado sino que está en el centro de un complejo sistema influenciado por clientes, proveedores, agentes sociales y otros grupos de interés. Este enfoque y las nuevas posibilidades de acceso a la información originan un nuevo escenario, con nuevas oportunidades pero también con mayores riesgos. Desde la perspectiva del conflicto, la empresa debe cuidar la relación con el entorno para prevenirlos y minimizar el impacto sobre su reputación en caso de que se produzcan. Sea por convencimiento o por presión social, las organizaciones están destinando recursos a generar una relación positiva con el entorno. En esta línea, se desarrollan acciones como políticas ambientales, transparencia en la información y comunicación, implantación de códigos éticos y buenas prácticas, etc.

En este marco general, hay acuerdo en considerar la relación ambivalente entre conflicto y organización.

Por un lado, las relaciones conflictivas en el trabajo son consideradas uno de los estresores de carácter psicosocial más importantes para la calidad de vida laboral y la productividad organizacional.

Pero, por otro lado, el conflicto puede considerarse un elemento necesario para promover la renovación del conocimiento, dinamizar las relaciones y prevenir la aparición del pensamiento grupal.

Redorta (2012) resume de esta manera los aspectos positivos y negativos del conflicto:

Aspectos positivos y negativos de un conflicto

Aspectos positivos	Aspectos negativos
Es un motor de cambio.	El cambio se rechaza y se produce una ruptura.
Estimula la curiosidad y el interés de las partes, si no es muy intenso.	La intensidad del conflicto puede generar emociones muy intensas y reacciones imprevisibles.
Cohesiona grupos enfrentados.	Una vez cohesiones los grupos, puede iniciarse un ciclo destructivo de enfrentamiento.
La necesidad de resolverlo estimula la creatividad de las partes.	Se puede generar una actitud hostil que incrementa las diferencias y disminuye la conciencia de las similitudes.
Fomenta la comunicación abierta en temas importantes para las partes.	La comunicación a cierto nivel se reduce, haciéndose más insegura y distorsionada.
Permite reconocer como legítimos los intereses de otras partes.	Se estimula la idea de que la solución es una cuestión vinculada a las relaciones de poder.
Puede mejorar la confianza como resultado del conflicto si hay un consenso posterior.	Se producen juicios erróneos sobre los otros, estrés, tensión, aparición de estereotipos y prejuicios, pensamiento polarizado y reducido.

Aparecen en este cuadro muchos de los conceptos clave para entender y gestionar los conflictos y el papel que estos juegan en las organizaciones: confianza, comunicación, creatividad, actitud, cohesión, cambio. A lo largo de este módulo ahondaremos en estos aspectos clave, determinando los elementos del conflicto y determinando en qué condiciones puede suponer una herramienta de mejora para las organizaciones.

Caso práctico 1

La transformación estructural en la que estamos inmersos afecta a los conflictos en las organizaciones. Busca información sobre modelos productivos basados en el «taylorismo», frente a modelos productivos basados en el «toyotismo».

Cuestiones para la reflexión

1. Las nuevas formas de trabajo generan nuevas tipologías de conflictos pero ¿podrían ser también nuevas formas de resolverlos?
2. ¿Podríamos considerar que son cuestiones relevantes en la aparición de conflictos en las organizaciones los siguientes puntos?
   a) La calidad del liderazgo y los estilos de mando.
   b) Las relaciones personales.
   c) Los sistemas de información y comunicación.
   d) La gestión de la participación.
   e) La competitividad interna y la cooperación insuficiente.
   f) La ambigüedad y conflictos de rol.
   g) La identificación con los valores de la organización.
   h) Los aspectos vinculados a la relación laboral: jornada, horario, salario, estabilidad en el empleo, etc...
3. Los aspectos positivos y negativos del conflicto ¿son dos caras de la misma moneda? El gran reto de las organizaciones ¿sería transformar lo negativo en lo positivo o, dicho de otra manera, las amenazas en oportunidades?

1.2. Elementos del conflicto

Entender cómo se producen y desarrollan los conflictos es un primer paso fundamental para afrontarlos. En este sentido, diferentes autores han identificado los elementos fundamentales en todo conflicto.

Los elementos del conflicto

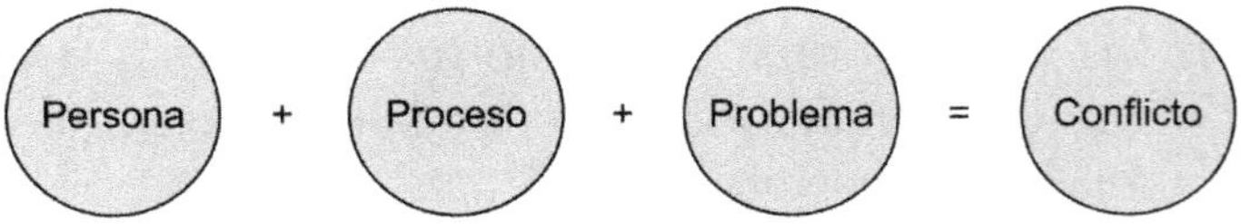

A continuación trataremos cada uno de estos elementos.

1.2.1. Personas

Al abordar un conflicto, adquiere importancia la identificación de las personas o grupos implicados, tanto de manera directa como indirecta, y la actitud que adoptan ante el conflicto.

Desde la perspectiva de las personas, el análisis de los conflictos puede realizarse desde diferentes enfoques:

- Niveles del conflicto.
- Las relaciones de poder.
- Las percepciones de las partes en conflicto.
- Las emociones y sentimientos.
- Las posiciones.
- Los intereses y necesidades.

1. Niveles

Estos aspectos determinan los diferentes niveles en los conflictos. Desde la perspectiva de las personas, se puede hablar de cuatro niveles del conflicto:

- A nivel **intrapersonal**: lo experimenta una persona consigo misma (ideas, pensamientos, emociones, valores, predisposiciones, impulsos, que entran en colisión unos con otros), como por ejemplo tener mala conciencia tras haber hecho algo no conforme con los propios valores.
- A nivel **interpersonal**: entre dos o más personas que representan grupos de intereses distintos (por ejemplo jefe y empleado). La mayoría de la teoría sobre negociación y mediación se refiere a la resolución de los conflictos interpersonales.
- A nivel **intragrupal**, en el interior de un grupo, como pueden ser las discusiones entre los compañeros de un mismo equipo. En este nivel, se analiza como el conflicto afecta a la capacidad del grupo para resolver sus disputas y continuar persiguiendo eficazmente sus objetivos.
- A nivel **intergrupal**, entre dos o más grupos. Un ejemplo de este nivel es un conflicto laboral entre patronal y sindicatos. En este nivel, el conflicto es muy complicado debido a la gran cantidad de gente implicada y a las interacciones entre ellos.

2. Relación de poder

Algunos autores la definen como la interdependencia, es decir, la situación en la cual los resultados de una persona se pueden ver potencialmente afectados por las acciones de otros. Entendido de otra forma, es la habilidad de una o más personas para influir sobre la conducta de otros. Este poder puede emanar de diferentes ámbitos –formales o no formales y condicionará el conflicto en función de su intensidad y dominio.

3. Las percepciones de las partes en conflicto

En la mayoría de los conflictos, cada participante tiene su propia perspectiva particular y ninguno lo percibe en su totalidad. La percepción que cada parte tiene de las otras partes en conflicto repercutirá decisivamente en su resolución. Cuando la percepción es positiva, se considera que las acciones del otro pueden posibilitar la consecución de los fines perseguidos por ambos, el bien común. En cambio, cuando se da una percepción negativa, se entiende que los fines perseguidos por ambas partes son incompatibles.

4. Las emociones y los sentimientos

A menudo las emociones y los sentimientos dominan sobre la razón. Es por ésto que en situaciones conflictivas es determinante la manera en que se sienten los protagonistas o individuos involucrados. Es decir, en qué medida se ven influenciadas y el grado o intensidad de la emoción en torno al conflicto.

5. Las posiciones

Se debe analizar qué postura ha adoptado cada parte implicada en el conflicto (victimismo, superioridad, amenazante, etc.).

6. Los intereses y necesidades

Uno de los aspectos claves que permitirá una resolución exitosa del conflicto es conocer los intereses de cada una de las partes.

Una vez averiguado que es lo que pide cada parte, se deberá pasar al siguiente paso: saber por qué es importante lo que piden, para qué lo necesitaran, y los beneficios que obtendrán con lo que piden. En no pocas ocasiones, la resolución de conflicto no se puede satisfacer al cien por cien a las partes, pero si puede suponer un acuerdo aceptable para todas ellas.

1.2.2. Proceso

El conflicto no aparece repentinamente. Suele pasar por varias etapas a través de las que se va desarrollando. Por supuesto que las personas que intervienen en él son decisivas para analizar como se ha producido como puede solucionarse.

1. La dinámica del conflicto

Es la manera en que el conflicto se desarrolla y las personas tratan de resolverlo. En la dinámica se verán influenciados aspectos citados anteriormente, como la influencia de poder (quien es el sujeto que tiene mayor poder y decisión dentro de las relaciones establecidas entre las partes) o el nivel de participación.

2. La relación y la comunicación

La comunicación es el elemento más importante en el proceso. Una buena comunicación es una herramienta necesaria para llegar a la base de los conflictos y encontrar soluciones satisfactorias para las partes. La comunicación, de hecho, puede ser el origen del conflicto, por ejemplo cuando es inexistente, incorrecta o equívoca. Sin embargo, también es la que nos permitirá expresar el conflicto o incluso transformarlo hasta llegar a resolverlo.

La escucha activa permite, entre otras cosas, mejorar la alteridad (reconocer al otro) y la empatía conectar afectivamente con las emociones del otro. Para poder realizar una buena escucha activa debemos preguntar, pedir aclaraciones, acotar y contextualizar toda la información recibida.

En el proceso de comunicación intervienen aspectos como la comunicación verbal, la comunicación no verbal, la escucha, el nivel de conocimiento, las actitudes, etc.

Dentro de un conflicto, la escucha es esencial porque permitirá realizar un diagnóstico de la situación, del contexto, de los intereses de las partes implicadas, e identificar sentimientos, intereses, valores, etc. En definitiva, escuchar permite entender al otro.

La acción de escucha requiere suspender todo juicio o prejuicio que se tenga de la situación y de las partes involucradas y evitar toda distracción, ya que podría suponer la omisión de información esencial para una posible resolución exitosa.

La escucha activa permite obtener información sobre el conflicto y corroborar datos. A un nivel más profundo y esencial, sirve para comprender a las partes implicadas en un conflicto. Facilita, en consecuencia, la alteridad, la empatía y la superación de prejuicios.

Otra competencia básica que condiciona la relación y la comunicación en el conflicto es la asertividad, entendida como la capacidad de expresar los necesidades, sentimientos u opiniones de una persona respetando los de los demás. Esto implica evitar la agresividad y el menosprecio, aceptando otros puntos de vista.

3. Estilos de afrontamiento

Es el espíritu con que se afronta el conflicto, el paradigma de partida. Este paradigma puede ser implícito o explicito. En cualquier caso, condiciona las estrategias y actitudes que cada parte despliega para poder transformar los conflictos y resolverlos. Se pueden encontrar dos tipologías de afrontamiento:

- **El pensamiento ganar / perder**. Se produce cuando las partes en conflicto, o al menos una de ellos, afronta el conflicto con la mentalidad de que es imposible un acuerdo que beneficie a todas las partes. En esta situación, se tiende a utilizar el poder y la posición para conseguir inclinar el conflicto hacía el beneficio propio, sin tener en cuenta las consecuencias para la parte opuesta. La resolución del conflicto no es imposible, pero será dificil evitar su repetición y las consecuencias a largo plazo.
- **El pensamiento ganar / ganar**: Se produce cuando las partes entienden y procuran el beneficio mutuo en el proceso de resolución del conflicto. Las partes aprueban las decisiones

adoptadas y se comprometen con el plan de acción consensuado. El enfoque es más colaborativo que competitivo. Este principio se basa en la creencia de que existe una tercera alternativa a las partes en conflicto, que puede ser igual o mejor que las posiciones de partida para cada una de las partes.

4. Ciclos del conflicto

El conflicto es considerado un proceso que contempla diferentes fases, aunque no tiene por que desarrollarse de manera lineal. En todo conflicto se produce una dinámica de interacción de las partes implicadas que va progresando a medida que cada una de ellas toma conciencia de los conflictos e intereses.

Las fases que se pueden desarrollar en un conflicto son la escalada, el estancamiento y la desescalada.

Como bien indica el nombre, en la fase de escalada es cuando el conflicto alcanza el momento más álgido. Una vez el conflicto se estabiliza podremos decir que se encuentra en la fase de estancamiento y finalmente la desescalada es la fase en que el conflicto se reduce paulatinamente.

La fase de escalada se incrementa en la medida en que intervengan los procesos perceptivos o de manejo de la información. Es en este primer momento cuando se producen efectos como la ampliación de los problemas, el desplazamiento de los problemas hacia las personas, el incremento de la competitividad y la implicación de otros individuos.

La reducción significa que se inicia una fase de resolución. El conflicto se reduce, elimina o finaliza.

Por otro lado encontramos otros autores que consideran tres aspectos básicos en la estructura del conflicto: los aspectos contextuales del conflicto, la experiencia del conflicto y la gestión del conflicto. Cuando se habla de los aspectos contextuales del conflicto, se hace referencia a cual es la situación y las condiciones en las que se produce el conflicto. En cuanto al segundo aspecto se considera cada uno de los componentes cognitivos, emotivos y motivacionales que produce el conflicto. Y por último, lo más importante y visible es la gestión del conflicto, que es el conjunto de diferentes procesos e intervenciones, es decir, la conducta o comportamiento que manifiestan las partes, consecuencia de la situación y de las actitudes de los individuos implicados. Dicho de otra manera, la estrategia organizacional.

A continuación se presentan gráficamente las fases del proceso del conflicto.

Las fases del proceso de conflicto

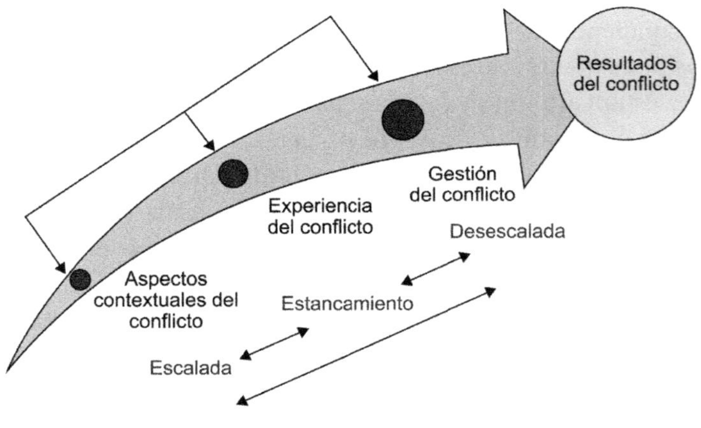

1.2.3. Problema. Tipos de conflictos y posibles estrategias de resolución

Así como existen variadas definiciones y conceptualizaciones del término conflicto, no son menos las clasificaciones y tipologías a las que ha dado lugar su estudio. La gran diversidad y falta de acuerdo respecto a los tipos de conflicto existentes se debe, principalmente, a los distintos enfoques que cada autor elige para clasificar el conflicto. A continuación se presenta la clasificación más conocida, realizada por Moore (1994), que identifica cinco tipos de conflictos en función de sus causas:

1. Los conflictos de relación

Es cuando hay una presencia elevada de emociones negativas, percepciones falsas o equivocadas e incluso estereotipadas. Esto se debe muchas veces a que la comunicación es escasa o nula. Se da un comportamiento negativo repetitivo. Estos problemas llevan frecuentemente a lo que se han llamado conflictos irreales o innecesarios, en los que se puede incurrir aun cuando no estén presentes las condiciones objetivas para un conflicto, tales como recursos limitados u objetivos mutuamente excluyentes. Estos problemas de relación, muchas veces pueden dar lugar a discusiones y conducen a una innecesaria espiral de escalada progresiva del conflicto destructivo.

Causas de los conflictos de relación y posibles intervenciones

Causas
• Presencia de una alta intensidad emocional.
• Percepciones equivocadas u opiniones estereotipadas.
• Comunicación pobre o malentendidos.
• Comportamiento negativo reiterado.
Posibles intervenciones
• Controlar la expresión de las emociones a través del proceso, de aceptación de reglas básicas, de reuniones privadas con las partes, etc.
• Promover la expresión de las emociones legitimando los sentimientos y proveyendo el cauce adecuado para ello.
• Clarificar las percepciones de las partes y construir percepciones positivas.
• Mejorar la calidad y la cantidad de la comunicación.
• Bloquear los comportamientos negativos reiterados, cambiando la estructura.
• Incentivar las actitudes positivas de resolución de problemas.

2. Los conflictos de información

Se dan cuando las partes implicadas en el conflicto tienen una falta de información para poder tomar decisiones correctas, es decir, falta información necesaria o están mal informados. Se produce también cuando existen opiniones o interpretaciones diferentes acerca de lo que es relevante. Algunos conflictos de información se podrían evitar si se diera la información necesaria en cada una de las partes. Pero otros conflictos pueden considerarse auténticos debido a que no son compatibles los puntos de vista e interpretaciones, o incluso los procedimientos empleados por las personas para recoger datos.

Causas de los conflictos de información y sus posibles intervenciones

Causas
• Carencia de información.
• Información defectuosa.
• Opiniones diferentes acerca de lo que es relevante.
• Interpretaciones diferentes de los datos.
• Diferentes procedimientos de valoración.
Posibles intervenciones
• Alcanzar un acuerdo acerca de qué datos son los importantes para el caso.
• Acordar un procedimiento para obtener datos.
• Desarrollar criterios comunes para valorar los datos.
• Remitirse a terceros expertos para obtener opiniones independientes o para salir de puntos muertos.

3. Los conflictos de intereses

Son debidos a la existencia de una situación de competencia entre necesidades que las partes entienden como incompatibles (si bien puede ser que sea solamente una percepción). Este se da cuando una de las partes considera que para poder satisfacer sus necesidades, deben ser sacrificadas las de un oponente (otro participante).

Ocurren acerca de cuestiones relativas a recursos –dinero, recursos físicos, tiempo, etc.–, procedimientos –la manera en cómo debe ser resuelta una determinada situación–, o psicológicos –percepciones de desconfianza, deseo de participación, respeto, etc.–

Para poder resolver un conflicto de intereses es necesario que se hayan tenido en cuenta y/o satisfacer en parte los intereses de cada uno de los participantes.

Causas de los conflictos de intereses y sus posibles intervenciones

Causas
• Situación de competencia (percibida o real).
• Intereses substantivos en conflicto.
• Intereses procedimentales en conflicto.
• Intereses psicológicos en conflicto.
Posibles intervenciones
• Centrarse en los intereses, no en las posiciones.
• Buscar criterios de solución objetivos.
• Desarrollar soluciones integradoras de las necesidades de todas las partes.
• Buscar maneras de ampliar las opciones o alternativas de solución, y los recursos disponibles.
• Desarrollar intercambios o compensaciones para satisfacer intereses de diferentes intensidades.

4. Los conflictos estructurales

Son causados por estructuras opresivas de relaciones humanas, es decir, los patrones de comportamiento o de interacción son destructivos. Estas estructuras están configuradas muchas veces por fuerzas externas a la gente en conflicto. Pueden deberse a situaciones de desigualdad de poder, escasez de recursos físicos o condicionamientos geográficos, entre otros.

Causas de los conflictos estructurales y sus posibles intervenciones

Causas
• Patrones de comportamiento o de interacción destructivos.
• Desigualdad en el control, la propiedad o la distribución de recursos.
• Desigualdad en el poder y en la autoridad.
• Factores geográficos, físicos o ambientales que impiden la cooperación.
• Limitaciones temporales.
Posibles intervenciones
• Definir claramente y cambiar los roles de cada uno.
• Remplazar los patrones de comportamiento destructivo por otros cooperativos.
• Resituar la propiedad o el control de los recursos.
• Establecer un proceso de toma de decisiones imparcial y mutuamente aceptable.
• Pasar de una negociación por posiciones a una basada en el análisis de intereses.
• Modificar los medios de influencia utilizados por las partes (menos coerción, más persuasión).
• Modificar las presiones externas sobre las partes.
• Cambiar las limitaciones temporales (más o menos tiempo).

5. Los conflictos de valores

Son conflictos debidos a sistemas de creencias incompatibles. Los valores son definidos como marco de referencia que las personas utilizamos para dar sentido a nuestras vidas, permitiendo explicar y diferenciar que es bueno o malo, verdadero o falso, justo o injusto. El hecho de que haya valores diferentes no implica que se origine un conflicto. Las disputas de valores surgen cuando unos intentan imponer por la fuerza un conjunto de valores a otros, o pretende que tenga vigencia exclusiva un sistema de valores que no admite creencias divergentes.

Causas de los conflictos de valores y sus posibles intervenciones

Causas
• Diferencias de criterio al evaluar las ideas o los comportamientos.
• Existencia de objetivos sólo evaluables intrínsecamente.
• Diferencias en las formas de vida, ideología y religión.
Posibles intervenciones
• Evitar definir el problema en términos axiológicos.
• Permitir a las partes estar de acuerdo o en desacuerdo.
• Crear esferas de influencia en las que domina un conjunto de valores.
• Buscar un objetivo jerárquicamente superior que todas las partes compartan.
• Bloquear los comportamientos negativos reiterados, cambiando la estructura.
• Incentivar las actitudes positivas de resolución de problemas.

A continuación se presenta un cuadro donde se resumen los diferentes elementos que configuran el conflicto. Se puede observar los que hacen referencia a las personas, al propio proceso y al problema.

Personas, proceso y problema en un conflicto

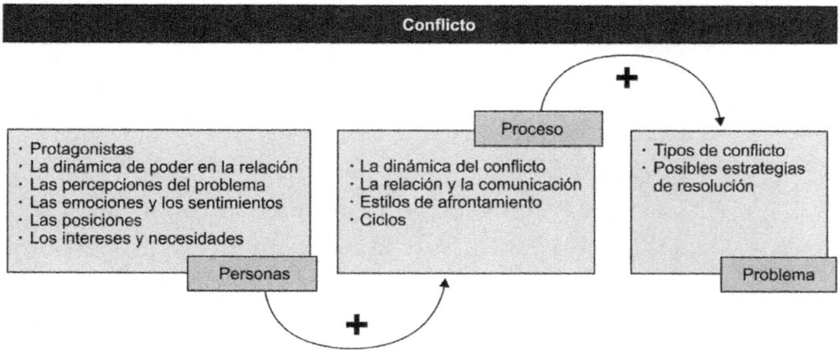

Caso práctico 2

Uno de los principales errores en la gestión de los conflictos se produce cuando no se tienen en cuenta todos los elementos en el análisis y planificación de la resolución. Busca información relativa al conflicto del ejemplo del video propuesto (www.youtube.com/watch?v=afb2o_R9Fes).

Cuestiones para la reflexión

1. ¿Los errores en la gestión de conflictos se deben, en buena medida, a la incorrecta evaluación de los diferentes elementos que intervienen?
2. Desde la perspectiva de las personas, ¿sería importante evitar errores comunes como los que siguen?
   a) No tener en cuenta los valores, las emociones y los sentimientos de las personas involucradas.
   b) Subestimar la importancia de la subjetividad
3. Desde la perspectiva del proceso, ¿sería errores comunes los siguientes?
   a) No facilitar comunicar y generar feedback continuo con las partes interesadas.
   b) No tener en cuenta los tiempos y plazos necesarios para una resolución completa y satisfactoria del conflicto.
4. Desde la perspectiva del problema, ¿serían errores comunes los que siguen a continuación?
   a) Centrarnos en buscar culpables en lugar de soluciones al problema.
   b) Hacer uso de situación de poder en lugar de buscar soluciones consensuadas.
5. En cualquier caso, es importante reflexionar sobre la importancia de identificar los elementos que intervienen y adaptar la estrategia de afrontamiento. Un ejem-

plo es la realización de «preguntas poderosas» que generen reflexión, por ejemplo:

a) ¿Realmente nuestros intereses son incompatibles? (sobre las percepciones de las partes en conflicto).
b) ¿Realmente estas necesidades son tan importantes? ¿Podemos compartir una estrategia común? (sobre los intereses y necesidades).

1.3. El conflicto como herramienta de mejora

Aunque los conflictos son inevitables en una organización, sus consecuencias tendrán un impacto muy diferente en la medida en que se realice una adecuada gestión de los mismos. Las organizaciones, por lo tanto, no deben aspirar a eliminar la posibilidad de que aparezcan conflictos (sería un reto imposible), sino a establecer estrategias para que los conflictos se canalicen y resuelvan satisfactoriamente, aportando valor a las relaciones personales y a la propia organización.

Pero entonces... ¿debe la organización prevenir o fomentar la aparición de conflictos?

Elementos clave de un conflicto

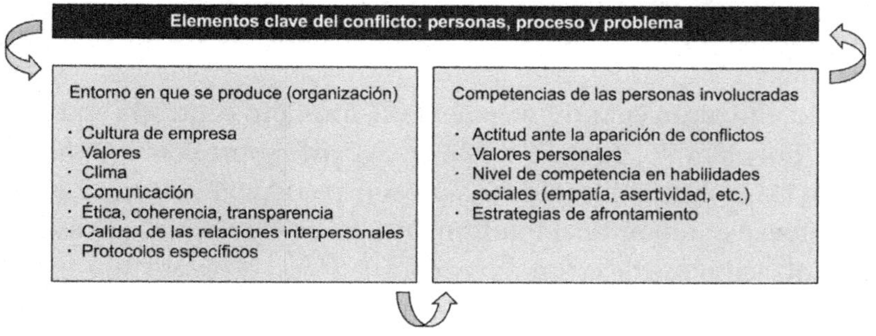

La respuesta a esta pregunta depende, en gran medida, de aspectos situacionales como los elementos del conflicto, la organización y las competencias de las personas, grupos y equipos.

De entrada, debe ampliarse la visión clásica del conflicto como una situación necesariamente negativa. Cabe realizar una lectura positiva del conflicto. Un conflicto adecuadamente gestionado puede dinamizar procesos de aprendizaje, cambio, mejora e innovación.

1. Desde la perspectiva de los elementos que componen el conflicto

En el punto anterior se han definido los elementos decisivos en la interpretación de un conflicto (personas, proceso y problema).

Partiendo de estos elementos, existen diferentes situaciones en las que el conflicto puede ser alentado, frente a otras en las que la organización debe establecer sistemas de gestión que permitan su prevención y detección.

Cuando dentro de un grupo se genera un conflicto de relación (incompatibilidades interpersonales, tensiones entre los componentes del grupo, envidias, molestias o cualquier otro aspecto relacionado con la identidad y los valores) el nivel de tensión entre las diversas partes es elevado, y por consiguiente la estimulación de este conflicto desembocará muy posiblemente en una pérdida de la calidad de la relación entre las personas involucradas. En consecuencia, una organización no debería alentar este tipo de conflicto, sino establecer estrategias para canalizarlo y afrontarlo.

Sin embargo, cuando se genera un conflicto centrado en las tareas (por ejemplo, cuando existe desacuerdo sobre cómo planificar un trabajo) los niveles de tensión son bajos y el conflicto puede promover y aumentar el rendimiento del equipo. En estos casos, la organización puede estimular el conflicto con el objeto de enriquecer los niveles de pensamiento, fomentar la innovación y activar la creatividad.

En esta misma línea, en grupos de personas y equipos que se encuentran en situaciones armoniosas o en aquellos en que la discusión sea considerada como tabú (se reprima), se puede considerar recomendable animar o incluso originar conflictos. En estos entornos, generar desequilibrios permitirá:

- Aumentar las competencias de las personas (que aprenderán diferentes estrategias de resolución de conflictos).
- Homogeneizar los puntos de vista.
- Aumentar la participación.
- Generar confianza.
- Promover la diversidad.

Todo ello permitirá, en definitiva, mejorará la relación y la calidad en los procesos de toma de decisiones.

Otro aspecto a tener en cuenta es la interdependencia. Las tareas son interdependientes cuando cada persona debe realizar la tarea con ayuda o involucrando a otros.

En equipos con interdependencia positiva (los participantes tienden a cooperar), se puede fomentar el conflicto, estableciendo, por ejemplo, objetivos y sistemas de incentivos para competir con otros grupos de trabajo. El proceso tiende a ser constructivo.

En cambio, en equipos con interdependencia negativa (los participantes tienden a competir entre sí), los conflictos deben identificarse y reducirse, ya que la aparición de los mismos provoca el deterioro de la relación y disminuir el rendimiento.

En definitiva, el primer paso debe ser diagnosticar la situación de los conflictos en la organización, determinar sus elementos y tomar las decisiones pertinentes en relación a los diferentes aspectos críticos.

La optimización del rendimiento mediante la estimulación del conflicto

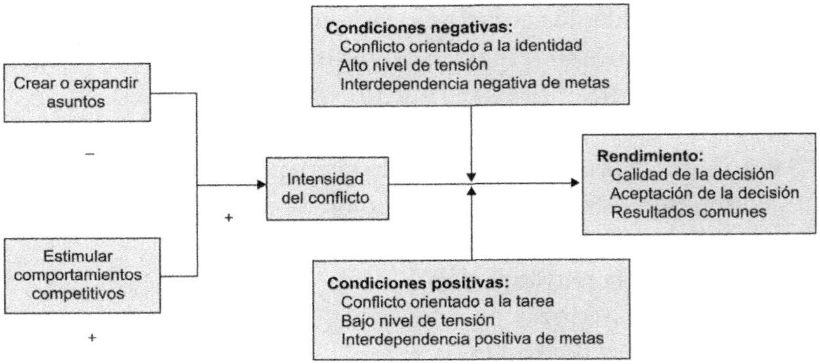

2. Desde la perspectiva de la organización

Desde una perspectiva legal, las organizaciones tienen la responsabilidad de velar por las condiciones de trabajo de las personas en todos los aspectos relevantes del mismo. En consecuencia, la gestión de conflictos en las organizaciones puede y debe formar parte de los aspectos ligados a la salud laboral.

Los aspectos oorganizacionales juegan un papel fundamental en la aparición y evolución de los conflictos, determinados por aspectos como:

- La cultura de empresa (valores implícitos y explícitos, comportamiento ético, coherencia, transparencia).
- La calidad del liderazgo.
- El clima laboral y la calidad de las relaciones interpersonales.
- La eficacia de los canales de comunicación y participación.

Un primer paso es que las organizaciones establezcan políticas generales de gestión de los recursos humanos, basadas en principios de equidad y sostenibilidad social. Se deben desarrollar, asimismo, protocolos para la prevención y la intervención en caso de aparición de actitudes de discriminación, *mobbing* o acoso sexual. El siguiente paso es, obviamente, implantar estos protocolos y evaluar su eficacia.

Una vez consolidados estos aspectos, y avanzando más allá de las obligaciones legales, algunas organizaciones han sabido generar estrategias que permiten minimizar las disfunciones que generan los conflictos y aumentar cada uno de los aspectos positivos, propiciando un proceso de análisis y reflexividad personal y grupal. Son aquellas que autores como Peter Senge han denominado *organizaciones inteligentes.*

En definitiva, las organizaciones, una vez que un consolidado herramientas para la prevención y resolución de conflictos, pueden llevar a cabo procesos de mejora continua a través de procesos de aprendizaje y reflexividad.

3. Desde la perspectiva de las competencias de las personas

La aparición y evolución de los conflictos en las organizaciones dependerá, en una medida importante, de las competencias de las personas de la organización. Al hablar de competencias se incluyen los conocimientos, habilidades y actitudes que conforman el desempeño profesional. Sobre estas competencias influyen, de manera decisiva, los valores individuales y grupales.

Una gestión adecuada de las competencias de las personas puede propiciar no sólo la prevención y minimización de los conflictos sino el aprendizaje y crecimiento a través de los mismos. Esto pasa por:

- Determinar las necesidades de formación, definiendo las competencias clave relacionadas con la gestión de conflictos: sensibilidad organizacional, liderazgo, comunicación, empatía, asertividad, negociación y estrategias de afrontamiento de conflictos, autorregulación, comportamiento ético, respeto a la diversidad, resiliencia, etc.
- Diseñar y ejecutar planes de formación.

- Evaluar el impacto.
- Analizar resultados e iniciar procesos de mejora continua.

La consolidación de estas competencias, junto a las estrategias de desarrollo organizativo del punto anterior, facilitan la construcción de entornos donde el conflicto puede ser adecuadamente canalizado y permite el aprendizaje continuo, la innovación y el crecimiento personal y colectivo.

Caso práctico 3

Una empresa del sector de la obra civil, de 75 trabajadores, ha detectado un conflicto derivado de la deficiente implantación en obra de las normas de seguridad y salud (cumplimiento de protocolos e instrucciones, uso de equipos de protección individual, etc.). Esta situación ha supuesto un deterioro importante en la relación entre el trabajador designado por la empresa (técnico superior en prevención) y los trabajadores de obra. La empresa ha recibido sucesivas advertencias por parte de coordinadores de seguridad, inspectores y otras partes involucradas.

Cuestiones para la reflexión

1. Para que el conflicto anterior acabara siendo una oportunidad de mejora para la organización ¿deben darse una serie de condiciones adecuadas, a nivel de gestión del conflicto, organización y competencias de las personas?
2. El entorno de la organización (cultura, valores, clima laboral, etc.) ¿juega un papel en la aparición y tratamiento de los conflictos?
3. Diversos autores alinean el conflicto en las organizaciones con la calidad del liderazgo. ¿Por qué razón?

2. Negociación

«Venceréis pero no convenceréis. Venceréis porque tenéis sobrada fuerza bruta, pero no convenceréis porque convencer significa persuadir».

Miguel de Unamuno

Después de analizar las bases del conflicto resulta lógico abordar los mecanismos de negociación.

2.1. Negociación en el marco de las organizaciones

Como hemos visto en el apartado anterior, el conflicto forma parte consustancial de las organizaciones empresariales: Es impensable concebir una organización en la que no se den percepciones diferentes acerca de un determinado asunto, decisión, orientación o problema. En este contexto, la negociación emerge como una forma de gestionar los conflictos.

Pero, ¿qué es negociar?

Negociar es, de entrada, el proceso por el cual dos partes en conflicto con cierto grado de interdependencia deciden voluntariamente afrontar este conflicto con la voluntad de llegar a un acuerdo.

Y... ¿por qué negociar?

El interés creciente por la eficiente gestión de los procesos de negociación en las organizaciones correlaciona con una manera más rica y compleja de entender las relaciones laborales. Los estilos de interacción en las organizaciones han evolucionado hacía modelos menos basados en el autoritarismo y más ligados a la habilidades directivas (liderazgo, asertividad, comunicación efectiva, etc.). En este contexto, la negociación aparece como un elemento clave de gestión, incorporando la participación y el dialogo de las partes para la búsqueda de acuerdos.

Las situaciones de negociación poseen una serie de características comunes (Munduate y Medina, 2006):

1. Existencia de dos o más partes implicadas (personas, grupos u organizaciones), entre los cuales existe cierto grado de interdependencia.
2. Aparece un conflicto de intereses subyacente que las partes eligen voluntariamente resolver mediante un proceso. Si alguna de las partes no tiene libertad para tomar decisiones o realizar propuestas no estaríamos ante un proceso de negociación.
3. Existe una cierta relación de poder entre las partes. En situaciones de desequilibrio, es más probable que la parte con elevado poder fuerce una imposición.
4. Existe voluntad de llegar a un acuerdo.
5. Se produce un proceso sistemático de ofertas y contraofertas, las cuales suponen un toma y daca entre las partes. En la negociación existe una cierta modificación de las posiciones iniciales en cada uno de los negociadores y un acercamiento hacía el acuerdo.
6. Existen aspectos tangibles e intangibles. Los aspectos tangibles son, por ejemplo, los acuerdos económicos alcanzados. Los acuerdos intangibles se refieren a los aspectos psicosociales que inciden en las partes durante la negociación.

Caso práctico 4

Comparar estas dos conversaciones. Realizar una valoración de las mismas desde la perspectiva del conflicto y la negociación.

La situación se genera entre el gerente de una organización y un técnico de prevención que presenta un informe sobre la situación de la seguridad y salud en la empresa.

Situación 1

Gerente: Tu informe es una porquería, lo que dice no sirve para nada. Es ambiguo e inconcreto.

Técnico: Lamento que tengas esa percepción. Me costó mucho esfuerzo obtener la información. ¿Qué es exactamente lo que no comprendes?

Gerente: No hay por donde cogerlo. No vale ni el papel donde está escrito.

Técnico: Esperaba que te permitiera tener una visión general de la situación de la prevención en nuestra empresa. Veo que no lo he conseguido. ¿Puedes decirme que cosas podría incluir para que resultara útil la próxima vez?

Gerente: Ni lo intentes. No vale la pena. Además, no me interesa.

Técnico: Quizás lo que no te interesa es la seguridad de tus empleados. Supongo que prefieres seguir cerrando los ojos ante la realidad.

Gerente: A mí no me vas a decir lo que tengo que hacer. Si estás aquí es porque es obligatorio. Dedícate al papeleo que es para lo único que sirves. Y ni eso sabes hacer bien.

Situación 2

Gerente: Te agradezco el esfuerzo realizado, pero no consigo extraer información clara del informe.

Técnico: Lo lamento ¿Qué aspectos crees que deberían aclararse?

Gerente: La información no está bien estructurada, o al menos yo no consigo entenderla.

Técnico: Mi objetivo era dar una visión general de la situación de la prevención en nuestra empresa. Veo que no lo he conseguido. ¿Puedes decirme que cosas podría incluir para que resultara útil la próxima vez?

Gerente: Por ejemplo, no consigo ver el análisis del retorno de las inversiones que hemos realizado en materia de seguridad.

Técnico: De acuerdo. Es cierto que me he ceñido demasiado a presentar datos y falta un análisis de la información. Si te parece, podemos definir unos indicadores clave que nos ayuden a analizar los datos de una manera más ágil y visual.

Gerente: De acuerdo. Francamente no puedo dedicar mucho tiempo a este tema, pero me gustaría tener *feedback* acerca de nuestro desempeño. Ya sabes que es tema clave para nuestra organización y confiamos en ti para que lo lideres.

Cuestiones para la reflexión

1. Las relaciones de poder condicionan los procesos de negociación. Las negociaciones en las organizaciones suelen en el marco de relaciones de poder.
2. La credibilidad que se otorgan mutuamente los negociadores juega un papel decisivo en el éxito de la negociación. En la NTP 454 se profundiza en el papel de la credibilidad en los procesos de negociación.

2.2. La gestión del conflicto mediante la negociación

La negociación es una de las estrategias para la resolución de conflictos. En los procesos de negociación, las partes tratan de gestionar sus conflictos de forma conjunta.

Un primer apunte importante es cómo afecta al proceso la predisposición y actitud con la que los participantes lo afrontan. Se pueden producir situaciones de:

1. **Integración** (alto interés propio y alto interés por la otra parte): implica colaboración de los sujetos, que intentan buscar

una solución aceptable por ambas partes. Puede permitir la apertura, el intercambio de información y el análisis de las diferencias existentes entre los participantes que permitirá llegar a la solución. Implica una comunicación directa. El enfoque es ganar ganar.

2. **Servilismo** (bajo interés propio y alto interés por la otra parte): se toma en cuenta puntos comunes para satisfacer al otro. Se tiene en cuenta las diferencias existentes con las dos partes y se intenta buscar y dar relevancia a los aspectos comunes. Existe un cierto grado de sacrificio para el participante que adopta este estilo.
3. **Dominación** (alto interés propio y bajo interés por los demás): el sujeto ignora todo lo concertante a la otra persona. En este estilo se encuentra la orientación ganar-perder. El participante buscará por todo los medios lograr su objetivo, y por consiguiente, dejará de lado o ignorará las necesidades y expectativas del otro.
4. **Evitación** (bajo interés propio y por los demás): Elude el problema, de esa manera se esquiva y se pospone cualquier decisión.
5. **Compromiso** (intermedio interés propio y por los demás): las partes ceden para intentar llegar a un acuerdo aceptable por ambas partes. A veces significa intercambio de concesiones y otras, la búsqueda de una posición intermedia.

En diferentes modelos de negociación se insiste en la importancia de percibir a la otra parte, de «ver» al otro y tener en cuenta sus intereses. Estos estilos son considerados de integración frente a los procesos de dominación, basados en hacer prevalecer situaciones de dominio o coerción.

Si la otra parte adquiere conciencia de esta actitud, el interés por el otro es, *per se*, un elemento que produce la atenuación del conflicto.

Interacción entre los elementos de un conflicto

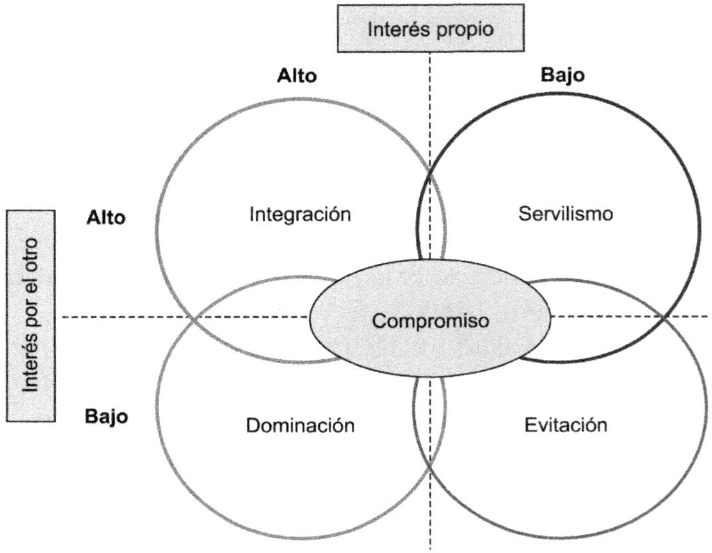

En los contextos actuales también es habitual recurrir a la evitación. Sin embargo evitar los conflictos sin resolverlos tiene un impacto negativo en las relaciones interpersonales y en la resolución del conflicto, porque no aborda los aspectos subyacentes.

Según diversos autores, la dominación y la evitación son las peores estrategias posibles, mientras que el compromiso y servilismo son moderadamente efectivos, siendo la integración el estilo que destaca en cuanto a su efectividad.

No obstante, caben ciertas matizaciones a este modelo, ya que entre las intenciones de los sujetos y su conducta real intervienen muchos factores culturales y sociales (como pueden ser las normas de gestión del conflicto impuestas por la cultura de la organización y el papel adoptado por cada individuo en el grupo) y psicológicas (como el nivel de autoestima de los individuos y el aprendizaje previo de estos en el manejo del conflicto), que pueden provocar que la conducta real de los individuos en las situaciones del conflicto no coincida necesariamente con sus intenciones.

2.3. El proceso de negociación

Se describen a continuación las fases presentes en todo proceso de negociación:

Fases de un proceso de negociación

1. Preparación

Para preparar correctamente una negociación las partes deberán tener en cuenta una serie de aspectos:

- Determinar la naturaleza conflictiva en la que se encuentran, es decir, hacer un diagnóstico previo.
- Determinar sus propias metas y objetivos, en dos términos: nivel de aspiraciones máximo (el punto más favorable) y zona de resistencia (hasta donde estoy dispuesto a ceder).
- Establecer una lista de posibles concesiones a la otra parte y su ponderación.
- Tener en cuenta una serie de propuestas creativas o innovadoras, que pueden servir de desbloqueo en un momento crítico.
- Desarrollar un plan estratégico-táctico.
- Determinar cuáles son las relaciones de poder existentes entre las partes.
- Tener en cuenta cual es la temporalización optima para poder desarrollar una negociación con éxito.

2. Antagonismo

En esta fase los contendientes ponen sobre la mesa su nivel máximo de aspiraciones. El objetivo es confirmar al oponente la firmeza de nuestros posicionamientos. Esta fase cumple cinco funciones muy importantes:

- Salva la imagen del negociador ante aquellos a quienes represente.
- Ayuda a clarificar las metas y prioridades propias.
- Se tantea hasta qué punto se puede forzar a la otra parte a realizar concesiones.
- Se demuestra firmeza con respecto a los propios objetivos.
- Se explicitan las divergencias existentes.

3. Aceptación del marco común

Existe un momento en el que las partes deben dilucidar si adoptan una postura competitiva, de colaboración o de cesión unilateral. Dado que la meta de ambas partes es la de lograr un acuerdo, se pueden acercar posiciones siempre que se perciban señales de reciprocidad por parte de los elementos en conflicto.

4. Presentación de alternativas

En esta fase se materializan las ofertas y contraofertas a la otra parte, hasta que se acercan posiciones que permiten el acuerdo definitivo.

5. Cierre

Una vez acercadas las posiciones, y expuestos los acuerdos alcanzados, se da por concluida la negociación.

A estas cinco fases podemos añadir una sexta: la autorreflexividad.

6. Autorreflexividad

Es una de las partes más importantes del proceso de negociación, pero probablemente es la menos aplicada. Una vez finalizado el proceso de negociación es importante realizar un proceso de autoreflexividad que permitirán a los participantes analizar todo el proceso y, de esta manera, detectar cuales han sido los aspectos a mejorar o aprender e interiorizar los pasos que han permitido realizar la negociación de manera exitosa. Es la fase que tiene que posibilitar la mejora continua de los procesos de negociación.

De esta manera, las fases de la negociación adquieren el aspecto de un ciclo PDCA (*plan – do – check – act*): planificar, ejecutar, chequear y actuar propio de los sistemas de calidad.

La autorreflexividad

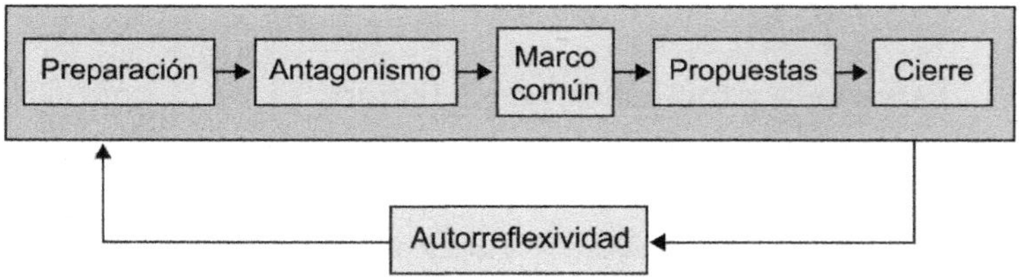

Caso práctico 5

Repase un proceso de negociación que haya realizado últimamente (no necesariamente en el ámbito de las organizaciones). Identifique las fases del proceso y su actuación en cada una de ellas, así como la actuación de la otra parte.

Establezca un cuadro de puntos de mejora para futuras negociaciones y un plan de mejora de sus habilidades como negociador.

Cuestiones para la reflexión

1. El comportamiento intuitivo ¿es suficiente? La eficacia del proceso de negociación ¿depende de comportamientos conscientes y sistemáticos?

2. La formación en competencias de negociación de todas las partes ¿facilita los procesos?
3. La autorreflexidad ¿es un elemento fundamental de mejora e innovación? Dedicar unos minutos a reflexionar sobre los aspectos clave en un proceso de negociación nos servirá para identificar nuestras fortalezas y debilidades e incluso orientar posibles necesidades de formación.

2.4. La estrategia de negociación

2.4.1. Estrategia y táctica de negociación

La estrategia son el conjunto de actividades coherentes e integradas dirigidas a la consecución de los objetivos en la resolución del conflicto, mientras que las tácticas se refieren a los pasos o acciones que las partes usan para obtener el mayor rendimiento posible de la negociación y hacer prevalecer sus condiciones. Las tácticas son, por lo tanto, acciones más concretas inspiradas en la estrategia general.

En el capítulo de Los Simpson «Last exit to Sprinfield» (temporada 4, episodio 17) se muestran diferentes factores vinculados a la estrategia y táctica de negociación, así como la relación de poder entre las partes en conflicto, entre otros factores. Las referencias sociales y a sucesos históricos son innumerables. Una poderosa invitación a la reflexión desde el humor.

Se consideran generalmente cuatro estrategias básicas en los procesos de negociación:

- **Resolución de problemas**. Se caracteriza por el intento de encontrar alternativas aceptables y satisfactorias para ambas partes.

- **Rivalidad**. Se intentan conseguir los objetivos propios, forzando a la otra parte o presionándola para que realice concesiones.
- **Flexibilidad**. Implica una importante reducción de objetivos y aspiraciones.
- **Inacción**. La actividad es mínima, de forma que la acción de los negociadores queda reducida sustancialmente.

La mayor parte de los autores diferencian entre los dos primeros tipos de estrategias: **enfoque a la rivalidad** y **enfoque a la resolución de problemas**.

De ellos, el enfoque a la rivalidad plantea el debilitamiento de la posición de la otra parte en negociación. El enfoque es ganar la negociación, aunque el acuerdo pueda tener altos costes en la parte contraria y no tenga sostenibilidad a largo plazo. En contrapartida, el enfoque a la resolución de problemas plantea la negociación desde una perspectiva más colaborativa y partiendo de la comprensión de la otra parte.

2.4.2. Enfoque a la rivalidad. Tácticas de presión

Las tácticas de presión tienen como objetivo incrementar las concesiones del oponente, hecho que se puede conseguir de diversas formas:

- Planteando demandas excesivas, o posicionamientos inalcanzables. Por ejemplo la solicitud del 90% de la totalidad de los beneficios de una transacción.
- Utilizando argumentos persuasivos, por ejemplo intentar convencer al oponente de que nuestros posicionamientos son también beneficiosos para la otra parte.
- Utilizando las amenazas. De retirarse de la negociación, o de infringir castigos al oponente.

- Manejando la presión del tiempo. La utilización del factor tiempo es fundamental en la negociación, de forma que los negociadores menos preocupados por el factor tiempo tienen un mayor margen de maniobra.

La gestión de conflictos y la negociación están en el trasfondo de muchas películas: En la película *Billy Elliot* (Stephen Daldry, 2000), por ejemplo, la trama principal transcurre durante la huelga de los mineros de carbón de 1984 en Inglaterra, durante el gobierno de Margaret Thatcher; se aprecia el uso de tácticas de presión por las partes en conflicto, desde un enfoque de máxima rivalidad. En contrapartida, la película *Invictus* (Clint Eastwood, 2009) muestra un enfoque basado en la resolución de problemas.

En el uso de las tácticas coercitivas o punitivas tienen un papel fundamental las relaciones de poder como:

- **La coerción**: Es la capacidad de reducir los beneficios de la otra parte, bien eliminando los recursos de los que dispone o produciendo algún coste. Los negociadores utilizan la coerción cuando castigan la conducta del otro o cuando entorpecen la consecución de sus objetivos.
- **El potencial coercitivo**: Es la máxima cantidad de castigo que una parte puede imponer a otra. Es un concepto relacional y situacional, porque una persona puede tener un alto potencial coercitivo sobre una persona concreta, pero no necesariamente sobre un conjunto de ellas, y además dicho poder se circunscribirá a un contexto concreto.
- **El empleo de la coerción.** Es la exteriorización del potencial coercitivo, la modificación real de los beneficios de la otra parte.

Son técnicas basadas en el uso del potencial coercitivo:

- **La amenaza.** Es la información de la posibilidad de infringir un castigo al oponente. Está en función del potencial coerci-

tivo, es decir, de la capacidad potencial de una de las partes de infringir un daño, por lo que la condición indispensable de la efectividad de la amenaza es la credibilidad de la misma.
- **Posiciones intransigentes**. Cuando el nivel de aspiraciones es muy elevado, o cuando adoptamos una posición firme y rígida. Es una táctica muy arriesgada ya que está en juego la credibilidad del que la utiliza, pudiendo ocurrir que el sujeto se quede entrampado en una posición inaceptable para la otra parte.
- **Comportamientos agresivos**. Las tácticas de presión como la hostilidad o la violencia verbal rompen el diálogo, quiebran la confianza e introducen nuevos elementos activadores del conflicto.

2.4.3. Enfoque a la resolución de problemas

Es una estrategia que persigue la colaboración y la conciliación. Esta estrategia genera los mayores resultados conjuntos, permite el compromiso con el acuerdo y mejora las relaciones interpersonales. Existen varios momentos claves que posibilitan la aparición de la estrategia de solución de problemas:

- Al inicio de la interacción, mediante la identificación del problema.
- A la hora de proponer alternativas y soluciones al conflicto.
- En la fase final del proceso negociador.

1. Momento clave A. Identificación y definición del problema

La definición exacta del problema es uno de los puntos más difíciles en una negociación. Para que en una negociación sea factible la utilización de la resolución de problemas se deberían conseguir los siguientes aspectos:

- Definir el problema de una manera que sea aceptable para ambas partes, en términos neutrales.

- Hacer que el problema sea entendido de forma limpia y simple. La falta de claridad en los intereses, objetivos y reivindicaciones se utiliza con el objetivo de tomar posiciones ante una negociación que se percibe como dura y larga. No obstante, estas acciones previas de dureza y falta de claridad pueden provocar en el oponente la reciprocidad en las conductas, con lo que se consigue, en último término, un escalamiento del conflicto y un estancamiento muy difícil de solucionar. Si se desea una negociación integrativa, ambas partes deben apartar ese deseo de competir y hacer una utilización clara y sincera de la información.
- Definir el problema como una finalidad, e identificar los obstáculos que pueden dificultar su consecución. Un buen camino integrador es la definición mutua del problema como una finalidad, y la búsqueda conjunta del camino para solucionarlo, identificando aquellos obstáculos que dificulten la consecución del objetivo conjunto.
- Despersonalizar el problema. El análisis frío y riguroso de un problema facilita la consecución de una negociación.
- Separar la definición del problema de la búsqueda de soluciones. En determinadas circunstancias, el análisis rápido de un problema nos puede hacer llegar a soluciones precipitadas. En estos casos es conveniente mirar el problema con perspectiva, intentar comprenderlo en su integridad e intentar la búsqueda de soluciones creativas.
- Comprender el problema de forma integral identificando intereses y necesidades.
- Comprender al otro. A la hora de reflexionar sobre las aspiraciones de la otra parte, debemos poder responder a las siguientes preguntas: ¿qué problema tiene mi oponente? ¿qué necesidades desea satisfacer?, en vez de cuestionarnos qué espera obtener con esta transacción o cuánto espera ganar.

2. Momento clave B. Generación de soluciones

Es el momento de desplegar las tácticas de negociación. Las tácticas estarán basadas en dos estilos de gestión del conflicto principalmente: la integración y el compromiso. Mediante la integración las personas intentan conseguir resultados mutuamente satisfactorios donde estén presentes los intereses de las dos partes en conflicto, mediante el compromiso las personas intentan conseguir acuerdos satisfactorios mediante la reducción mutua de las aspiraciones y la realización de concesiones. Esta doble dialéctica orienta las tácticas negociadoras en dos dimensiones: la primera orientada a la generación de soluciones nuevas y alternativas que permitan la integración y la segunda hacia la búsqueda de un compromiso aceptable.

La generación de soluciones alternativas a las propuestas inicialmente por las partes en conflicto requiere un alto grado de creatividad y un gran compromiso de las partes con el proceso negociador. Este resultado es posible utilizando algunas técnicas como la ampliación de los elementos sobre los que se negocia o el desarrollo de nuevas opciones mutuamente satisfactorias. Las restantes técnicas están basadas en la búsqueda de un compromiso mediante la utilización del nivel de aspiraciones propios o de la otra parte.

La técnica basada en la **ampliación de los elementos sobre los que se negocia** se fundamenta en que los puntos que el negociador pone sobre la mesa de negociación responden a determinadas necesidades subyacentes. Cuando las personas intentan utilizar una estrategia de resolución de problemas intentan dar respuesta a esas necesidades subyacentes más que a los puntos concretos que se establecen en la agenda negociadora. En este sentido, es posible que la solución acordada responda a dichas necesidades sin quedar necesariamente plasmados en ella los puntos concretos negociados.

La técnica basada en el **desarrollo de nuevas opciones mutuamente satisfactorias** se puede utilizar en situaciones donde no se percibe una solución fácil a un proceso negociador, porque las posibles alternativas de acuerdo no terminan por satisfacer a ambas partes. En esta situación, es útil hacer aflorar y explicitar los intereses subyacentes de las partes, para que de esta manera aparezcan nuevas alternativas que respondan a estos intereses, aunque no coincidan con los puntos abordados a priori en el proceso de negociación. Se trata, por lo tanto, de desplazar el foco desde los puntos a negociar a los intereses subyacentes.

Por último, **la táctica de las concesiones mínimas** está fundamentada en dos supuesto: el nivel de aspiraciones de los participantes en una negociación está inversamente relacionado con su nivel de concesiones y el incremento en las aspiraciones provoca un incremento en la resistencia.

Las consecuencias de estos postulados para la negociación son dos:

- Un grupo puede obtener más concesiones de otro grupo incrementando su nivel de aspiraciones.
- Una postura resistente durante la negociación consigue mayores concesiones del otro que las tácticas blandas.

3. Momento clave C. Fase final

En esta fase, los negociadores pueden hacer concesiones que tengan un valor escaso. Esta táctica es muy recomendable para los momentos finales del proceso negociador, cuando se desea mantener una relación futura estable con nuestro oponente. Como sabemos, cualquier proceso negociador es una situación de motivos mixtos, donde se desea tanto competir como cooperar, la competición para obtener los mejores resultados para nosotros mismos o la organización a la que representamos, y la cooperación para establecer un clima apropiado y seguir manteniendo las relaciones con la otra parte. En algunas circunstancias, donde hemos satisfecho ampliamente nuestras aspiraciones, puede ser interesante la concesión unilateral de aquellos aspectos poco importantes para nosotros, con el fin de que nuestro oponente pueda defender los resultados obtenidos ante su organización y no quede incapacitado para futuras negociaciones.

2.4.4. El método Harvard

Existen métodos de negociación que integran la estrategia completa y las tácticas de negociación. Entre los métodos más populares para la negociación se encuentra, sin duda, el método Harvard. Este método fue desarrollado hace más de 20 años por la Universidad de Harvard y plantea una manera diferente de abordar la negociación, basándola en intereses.

El Método Harvard se basa en aplicar 4 principios durante el proceso de negociación:

1. Separar a las personas del problema.
2. Distinguir posiciones de intereses.
3. Generar opciones creativas.
4. Basar las decisiones en criterios objetivos.

Estos principios se concretan en determinadas maneras de afrontar un proceso de negociación.

De entrada, tendemos a olvidar que las otras partes son personas y no entes abstractos. Por lo tanto tienen percepciones, sentimientos, emociones y maneras de ver y afrontar la vida diferentes a la nuestra.

Además, cada persona trae consigo experiencias de vida y un bagaje cultural que les han otorgado características de personalidad diferentes. Es indispensable tener en cuenta que todas las personas son diferentes, que atraviesan situaciones distintas y que responden a intereses, en muchos casos, contrarios a los nuestros. Es por ello que resulta fundamental escuchar a los otros, y no hacerlo solamente oyendo el mensaje, sino también haciéndoles saber que se ha entendido. Siempre se debe tratar de ser amable y respetuoso con las personas, no agredirlas, evitar tratarlas mal o ser impacientes con ellas, lo cual no iene porque ir en detrimento de mantenerse firme en la defensa de los propios intereses.

En un proceso de negociación es habitual discutir en base a posiciones sin ahondar en los intereses para encontrar soluciones.

¿Qué significa esto? Las posiciones son aquellas cosas que decimos que queremos, los intereses son subyacentes a las posiciones y responden a la pregunta ¿por qué lo queremos? Para ilustrar la diferencia, es común recurrir a este ilustrativo ejemplo:

Dos niños querían una naranja, pero solamente quedaba una. Los dos quieren la naranja (este es su posición), pero no han ahondado en los intereses subyacentes. Desde este planteamiento, el éxito de la negociación no es posible con una perspectiva de mutuo beneficio, por lo que es posible que se resolviera desde una perspectiva de dominación.

Imaginemos, en cambio, que las personas en conflicto basan su negociación en los intereses de cada parte. Quizás descubrirían que una parte quiere la naranja para aprovechar su piel (por ejemplo, para dar sabor a un bizcocho), mientras que la otra quiere el resto (por ejemplo, para hacer un zumo). En esta negociación basada en intereses, el acuerdo en la negociación no es sólo posible sino que resulta obvio.

En consecuencia, el método Harvard recomienda indagar sobre los intereses de cada una las partes intervinientes. Es probable que tengamos intereses distintos que no se contraponen y de esa manera podamos llegar a un acuerdo satisfactorio para ambas partes.

Otra aportación del método Harvard es generar opciones creativas en los procesos de negociación. En este sentido, es una buena práctica plantear distintas opciones para encontrar una solución, abriendo la perspectiva y el enfoque del conflicto. Es muy probable que las partes en conflicto estén cerradas en una única posibilidad, aunque, muy posiblemente existan otras opciones que satisfagan los intereses de las partes o, por lo menos, entre dentro de su margen de negociación. Como herramienta para encontrar diferentes opciones podemos utilizar la técnica conocida como «*brainstorming*» (lluvia de ideas), para lo cual se debe generar un espacio en el cual se pueda escuchar todas las ideas que vayan surgiendo sin desechar ninguna, ya que aún de cosas aparentemente sin sentido, pueden derivarse soluciones viables. Otra opción es contar con las opiniones de profesionales de reconocido prestigio aceptados por las partes, o expertos de distintas disciplinas, para encontrar otras opciones. Y, como opción menos ortodoxa, existe la posibilidad de aplicar la «gamificación», tendencia al alza consistente en afrontar determinadas situaciones de la empresa desde la perspectiva de un juego. Aplicado a la negociación, permitiría afrontar los conflictos con una perspectiva lúdica. Este plantenamiento posibilita, entre otras cosas, una gestión más sana de los aspectos emocionales, aumentar la participación, ponerse en lugar del otro y mejorar la creatividad en la búsqueda de soluciones.

Por último, le método Harvard ahonda en la importancia de basar la negociación en criterios objetivos, al menos en la medida de lo posible. Esto facilita que las partes interpreten que se ha llegado a una solución justa y queden satisfechas con el resultado.

Caso práctico 6

Diseña actividades, basadas en la gamificación, que permita el afrontamiento de una situación de negociación en los diferentes supuestos:

- Para desbloquear la negociación sobre la priorización de las medidas preventivas a adoptar, en el marco de un Comité de seguridad y salud.
- Para determinar las medidas prioritarias a incorporar a un Convenio Colectivo, en el marco de una negociación entre agentes sociales.

Cuestiones para la reflexión

1. La cultura puede desempeñar un papel importante en los procesos de negociación. Algunos artículos y tra-

bajos especializados ahondan en esta temática. Se adjunta enlace a uno de estos artículos «Evolución de la gestión del conflicto y la negociación en España. Factores interpersonales y culturales» (Lourdes Munduate Jaca, Inmaculada F.J. Cisneros, Miguel A. Dorado Mimbrero y Francisco J. Medina Díaz). http://www.papelesdelpsicologo.es/vernumero.asp?id=801

2. Existe una reciente corriente de pensamiento (con implicaciones filosóficas, económicas y sociales) basada en el bien común. Una de sus conclusiones es que la opción más inteligente y mutuamente beneficiosa es la cooperación.
3. Un ejemplo de la cooperación como mejor opción es el llamado «dilema del prisionero», formulado por Albert W. Tucker (se puede encontrar amplia información sobre el mismo en internet).

2.5. Resultados de la negociación

Una negociación pueden finalizar de muy diversa forma:

1. En una victoria para una de las partes.
2. En un punto muerto.
3. En un acuerdo integrativo.
4. En un acuerdo de compromiso donde cada una de las partes cedan un poco en sus intereses y demandas iniciales.

Las soluciones integrativas son las más deseadas por los negociadores porque son más estables y duraderas en el tiempo y permiten que las partes en conflicto estén más satisfechas.

En el relato «La inmolación», incluido en el libro de relatos cortos «El por qué de las cosas» de Quim Monzó, el autor relata un proceso de negociación en la vida cotidiana. La negociación se cierra con resultados pero, en ocasiones, no tenemos suficientemente en cuenta los sentimientos y concesiones de la otra parte.

En definitiva, una buena solución permite satisfacer los intereses subyacentes de las partes en conflicto. No obstante, en la mayor parte de las circunstancias no está tan claro que la optimización de los recursos disponibles permita conjugar los intereses de ambas partes. En estos casos los investigadores asumen que la calidad en la resolución de un determinado conflicto depende de la equidad en la distribución de los resultados. La distribución equitativa de los resultados produce una gran satisfacción entre los negociadores, mucho mayor que si los resultados son muy desfavorables para ellos, o, paradójicamente, muy favorables. No obstante, cuando queremos conocer si un determinado resultado es equitativo, comenzamos a tener problemas, porque la equidad no siempre es sinónimo de integración y porque las experiencias subjetivas que los negociadores tienen de lo que es o no equitativo son más importantes que la distribución objetiva de los resultados.

Por este motivo los investigadores suelen distinguir entre **resultados objetivos**, cuantificables y tangibles y **resultados subjetivos** de la negociación, fruto de la percepción y la valoración de los negociadores, a los primeros se les resultados económicos y a los segundos resultados psicosociales.

Los resultados económicos de la negociación se centran en los productos resultantes de la misma. La base para el cálculo de los resultados económicos la encontramos en la *zona de común acuerdo,* que está definida por los *puntos de reserva* de cada uno de los negociadores.

Dichos puntos de reserva representan el nivel mínimo de aspiraciones que los negociadores pretenden conseguir en la transacción. Si ese punto de reserva es superado, los negociadores pueden optar por su **mejor alternativa** a un acuerdo negociado, o por el mantenimiento del *status quo.* Si dichas zonas de común acuerdo se solapan, existirá una zona de negociación positiva, mientras que si están distantes, existirá una zona de negociación negativa. Por ejemplo, si deseamos adquirir un coche determinado y nuestro punto de reserva son 2.000 €, mientras que el punto de reserva del vendedor es de 2.200 €, nos encontramos con una zona negativa. No ocurre así si nuestro punto de reserva es de 2.300 €.

Los resultados psicosociales de la negociación están basados en procesos de percepción social, los cuales incluyen aspectos del mundo social del que percibe: las personas, las conductas y las situaciones. Los procesos de percepción social se guían por una serie de principios clave:

1. Las personas percibimos de forma activa el mundo social, seleccionando, categorizando, interpretando e infiriendo información
2. Las personas a veces no son conscientes de sus intereses y valores, pero estos guían sus conductas y sus elecciones.
3. Los procesos de percepción son constructivos y selectivos.
4. Las percepciones guían las conductas de las personas. En el caso del negociador, los elementos más importantes de la percepción son: la situación de negociación, la otra parte y la percepción sobre sí mismo. La percepción sobre la situación negociadora implica la valoración del negociador sobre los procesos y los resultados de la negociación. La percepción sobre la otra parte implica la evaluación del vínculo que se establece entre los negociadores, sobre la justicia y limpieza de su conducta, la inferencia sobre sus rasgos de personalidad, y las atribuciones causales. La percepción sobre uno mismo supone la valoración de los propios intereses, fines, preferencias, posibilidades de riesgo y sobre la comparación social entre uno mismo y la otra parte.

La combinación de los aspectos objetivos y subjetivos de la negociación marcará, en consecuencia, la percepción sobre los resultados de una negociación.

Caso práctico 7

Diseñar un sistema indicadores para autoevaluar nuestro desempeño en los procesos de negociación, basados en los aspectos clave vistos en los capítulos anteriores.

Cuestiones para la reflexión

1. La percepción sobre los resultados de la evaluación no sólo se basa en aspectos tangibles (resultados objetivos) sino que tendrá mucho que ver con los resultados objetivos, basados en nuestra percepción del proceso de negociación.
2. Para establecer valoraciones en torno a los resultados objetivos es imprescindible definir *a priori* nuestro «ideal» y nuestro «límite» en el proceso de negociación.
3. Es importante analizar las propias percepciones subjetivas tras los procesos de negociación. Igualmente, tiene gran valor desgranar el papel que los intereses y valores propios han jugado en el proceso negociador.

Bibliografía

Covey, S.R. (2000). *Los 7 hábitos de la gente altamente efectiva*. Paidós. Barcelona.

Covey, S.R. (2012). *La 3ª Alternativa*. Paidós. Barcelona.

Goleman, D. y Cherniss, C. (2005). Inteligencia emocional en el trabajo. Barcelona: Kairos. Goleman, D. (2007). *Intel·ligència social. La nova ciencia de les relacions humanes*. Kairós. Barcelona.

De Diego Vallejo, R., et Guillén Gestoso, C. (2012). Mediación. Proceso, tácticas y técnicas. Pirámide. Madrid.

DeBono, E. (2010). *El pensamiento creativo*. Paidós plural. Barcelona.

Deutsch, M. (1973). *The resolution of conflict: Constructive and destructive processes*. New Haven, CT: Yale University Press.

Donoso, R. (2006). *Conceptos claves para la resolución pacífica de conflictos, en el ámbito escolar.* Unidad de apoyo a la transversalidad. Ministerio de Educación de Chile. Disponible en línea en: http://www.educarchile.cl/UserFiles/P0001/File/CR_Articulos/resolucion%20pa-cifica%20de%20conflictos.pdf.

Fisas, V. (1998). *Cultura de paz y gestión de conflictos.* Barcelona. Ediciones Unesco.

Fisher, R. et Ertel, D. (2004). *Obtenga el sí en la práctica. Cómo negociar paso a paso, ante cualquier situación.* Gestión 2000.

Gardner, H. (2011). *Mentes flexibles. El arte y la ciencia de saber cambiar nuestra opinión y la de los demás.* Paidós. Madrid.

Gray, D., Brown, S. y Macanufo, J. (2012). *Gamestorming.* Barcelona: Deusto.

Kofman, F. (2008). *La empresa consciente. Cómo construir valor a través de valores.* Aguilar. Buenos Aires.

Munduate Jaca, L. y Medina Díaz, F. J. (2006). *Gestión del conflicto, negociación y mediación.* Psicología Pirámide. Madrid.

Munduate, L. y Martínez, J.M. (2004, 2ªedn). *Conflicto y Negociación.* Madrid: Pirámide.

Redorta, J. (2012). *No más conflictos.* Barcelona: Paidos.

Senge, P. (1999). *La quinta disciplina.* Barcelona: Granica.

Printed in Dunstable, United Kingdom

91220740R00119